2013
中国金融市场发展报告

CHINA FINANCIAL MARKET DEVELOPMENT REPORT

中国人民银行上海总部
《中国金融市场发展报告》编写组

中国金融出版社

责任编辑：张　驰
责任校对：刘　明
责任印制：程　颖

图书在版编目(CIP)数据

2013中国金融市场发展报告(2013 Zhongguo Jinrong Shichang Fazhan Baogao)/中国人民银行上海总部《中国金融市场发展报告》编写组.—北京：中国金融出版社，2014.4
ISBN 978-7-5049-7476-1

Ⅰ.①2… Ⅱ.①中… Ⅲ.①金融市场－研究报告－中国－2013 Ⅳ.①F832.5

中国版本图书馆CIP数据核字(2014)第055725号

出版
发行　中国金融出版社
社址　北京市丰台区益泽路2号
市场开发部　(010)63266347，63805472，63439533 (传真)
网上书店　http://www.chinafph.com (010)63286832，63365686 (传真)
读者服务部　(010)66070833，62568380
邮编　100071
经销　新华书店
印刷　北京侨友印刷有限公司
尺寸　210毫米×285毫米
印张　9.5
字数　196千
版次　2014年4月第1版
印次　2014年4月第1次印刷
定价　98.00元
ISBN 978-7-5049-7476-1/F.7036
如出现印装错误本社负责调换　联系电话 (010)63263947

Committee 编写委员会

主　任：孙　辉　纪志宏

成　员（按姓氏笔画排序）：

王　兵　王振营　白伟群　冯润祥　匡小红　杜要忠
祁国中　宋钰勤　郭　伟　沈　伟　张晓刚　张　漪
周荣芳　林建华　陈晓升　徐　忠　黄燕铭　顾铭德
谢　多　鲍建平

执笔并统稿：

陈晓虹　刘　彦　叶可松　颜永嘉　向祥华　纪慧松
邹　琼

其他执笔人（按姓氏笔画排序）：

牛少锋　马贱阳　王　莹　王雯珠　孔　燕　闫丽娟
闫晓梅　刘　彦　刘　航　史　祺　李　莉　李　博
李　霖　李建云　李冀申　汪办兴　朱永行　沈　怡
邢莹莹　佟　珺　何晓贝　张生举　张爱农　赵之宁
邹　江　邹　澜　杨　婕　周庆武　陈　华　陈光新
荣艺华　胡迎春　陆晨希　高　飞　袁沁敔　唐　烈
钱康宁　郭　夊　郭　芳　黄凌燕　曹媛媛　曾令美
曾梓梁　蒋健蓉　董晓春　谢　震　戴　赜

Contents 目 录

2013 中国金融市场发展报告
CHINA FINANCIAL MARKET DEVELOPMENT REPORT 2013

第一章 总 论

2013年，面对错综复杂的国际形势，中国经济以加快转变经济发展方式为主线，提高经济发展质量和效益为中心，为金融市场的创新发展提供了现实基础。金融市场交易规模保持增长、价格动能有所增大、市场创新力度加大、运行机制日益完善、服务实体经济的功能不断增强、对外开放继续稳步推进。

一、2013年中国金融市场发展的宏观环境分析

（一）国际经济与金融形势

1. 发达经济体温和复苏，新兴市场经济体增速放缓

（1）发达经济体温和复苏

美国经济复苏动能增强，失业率逐渐下行。2013年美国四个季度的经济增长环比折年率分别为1.1%、2.5%、2.8%和3.2%。经济复苏的动能来源于房地产市场的复苏、私人部门投资的增长以及工业生产状况的改善。从5月开始，美国制造业采购经理人指数（PMI）不断上行，到12月升至59.1。就业状况持续改善，12月美国失业率降至6.7%，为2008年11月以来的最低水平。此外，2013年美国CPI每月同比增幅均低于美联储2%的目标区间，通胀压力较小。

欧元区经济信心有所恢复。2013年，欧洲银行业联盟取得积极进展。债务危机出现阶段性缓和，爱尔兰成为首个正式脱离国际金融救助项目的欧元区国家。经济信心不断恢复，12月消费者信心指数由年初的-23.9持续上升至-13.6。第二、三季度欧元区实际GDP环比增速分别为0.3%和0.1%，结束了此前连续6个季度的负增长。但2013年欧元区CPI水平低于2012年，其中7月CPI同比增速降至0.7%，创下近四年的最低水平。尤其是，失业率依然高企，2013年全年维持在12%以上，经济下行风险依然存在。

日本经济出现反弹。在积极的财政政策、宽松的货币政策以及日元大幅贬值的刺激下，日本经济出现反弹，第一、二季度日本实际GDP环比折年率增速分别为4.1%和3.8%。6月日本CPI同比增速转正，改变了自2012年4月以来持续的通缩状态。10月，日本政府宣布自2014年4月起上调消费税，并同时出台5万亿日元经济刺激计划以减轻消费税带来的负面影响，但预计消费税提高仍可能对日本经济产生负面影响；国内其他声音对现政府政策效果的可持续性也不断提出疑问，其经济反弹能否持续有待观察。国际货币基金组织（IMF）预计，2014年日本经济增速将由2013年的2%下降至1.25%。

（2）大部分新兴市场国家经济增速放缓

因外部需求不足以及内部结构失衡等问题未得到根本性改善，2013年新兴市场经济体增速继续放缓。国际货币基金组织（IMF）将2013年全年新兴市场经济体增速下调为4.5%，与2010年相比，下滑了3个百分点。印

度、印度尼西亚、南非、土耳其等部分重要新兴市场经济体经常项目赤字有所扩大。

（3）全球贸易和跨国直接投资增速疲软

受欧元区经济复苏乏力以及新兴市场经济体增速放缓等因素的影响，全球贸易和跨国直接投资增速依然疲软。世界贸易组织（WTO）预计，2013年全年全球贸易量增长2.5%，略高于2012年的水平，其中发达国家出口增长1.5%，与2012年持平，进口下降0.1%，低于去年同期的0.4%；发展中国家出口增长3.6%，略高于去年同期的3.5%，进口增长5.8%，高于去年同期的5.4%。此外，联合国贸发会议（UNCTAD）预计，2013年全球跨国直接投资额的上限为1.45万亿美元，较2012年的1.35万亿美元增长7.41%，扭转了2012年的负增长局面，但仍低于1980年底以来至本轮金融危机前年均10%以上的增速。

2. 2013年国际金融市场运行情况

在宽松的货币环境下，欧洲美元和欧元拆借利率处于较低水平。美国量化宽松（QE）政策退出预期使得各国国债收益率上扬，新兴市场国家收益率全年涨幅高于发达国家。主要储备货币走势分化，部分新兴市场货币对美元大幅贬值。发达经济体股市上行，新兴市场经济体股市表现较差。农产品价格走势分化、贵金属价格全面下跌。

（1）欧洲美元和欧元拆借利率一路走低

美联储在2012年底完成“扭转操作”之后，在每月购买400亿美元抵押贷款支持证券的基础上，每月额外购买约450亿美元长期国债，即维持每月850亿美元的资产购买力度，并将利率调整与通胀率和失业率等经济指标挂钩，保持联邦基金利率在0至0.25%之间。第一季度，欧洲中央银行继续将主要再融资利率、贷款便利利率和存款便利利率维持在0.75%、1.5%和0的历史最低水平。随后，欧洲中央银行分别在5月和11月两次降低主要再融资利率和边际贷款便利利率，使它们分别降至0.25%和0.75%。基于宽松的货币环境，欧洲美元和欧元拆借利率维持在较低水平，美元LIBOR三个月由年初的0.30%降至年末的0.246%，欧元LIBOR在9月之前一直低于0.15%，9月之后有所上升，年末收于0.266%。

（2）各国国债收益率上扬，新兴市场国家收益率全年涨幅高于发达国家

2013年6月19日，美联储主席伯南克（Bernake）提出量化宽松政策退出计划，全球各国国债收益率大幅上扬。从6月19日至9月19日美联储宣布推迟退出量化宽松政策之间，美国、德国、法国和英国5年期国债收益率分别上扬2 686个、2 323个、2 013个和4 695个基点，虽然在第四季度有所回调，但都未能恢复到年初水平。日本则因其宽松货币政策的推出以及经济的反弹，5年期国债收益率未受美国量化宽松政策退出的负面影响，基本维持在0.35%的水平。与发达国家相比，美国量化宽松政策退出对新兴市场国家的溢出效应更加明显。同样在6月19日至9月19日期间，印度、印度尼西亚、土耳其、泰国、越南、马来西亚5年期国债收益率分别攀升10 840个、13 780个、13 600个、5 500个、7 240个、2 520个基点，上升幅度远高于发达国家。

欧元区重债国方面，虽然也一度受美国量化宽松政策退出的影响，5年期国债收益率出现上扬，但由于债务危机的缓和、经济信心的恢复以及货币政策的宽松，西班牙、意大利、葡萄牙、爱尔兰等国家的5年期国债收

益率大体上呈下行趋势。尤其是欧元区首个正式脱离国际金融救助项目的爱尔兰，5年期国债收益率已从年初的3.6%下降到12月末的2.09%。

（3）主要储备货币走势分化，新兴市场货币对美元贬值

2013年，美元指数先升后贬，年初美元指数为74.756，后持续升值至5月达到最高点84.259，之后震荡贬值，年末贬至80.338。从各国货币对美元的汇率来看，第一季度，欧元、英镑对美元贬值，较上年末分别贬值2.8%和6.5%，而第二季度，欧元、英镑对美元汇率水平震荡，较3月末仅分别升值1.5%和0.1%。到下半年，欧元、英镑对美元汇率升值加速，截至12月末，欧元、英镑对美元汇率分别收报于1.38美元/欧元、1.66美元/英镑。由于日本实行量化宽松货币政策，日元从2013年初开始对美元不断贬值，仅在半年间即贬值了12.9%。下半年，日元对美元汇率水平出现震荡，基本维持在97美元/日元至100美元/日元之间。

第二季度，美国量化宽松政策退出预期使全球资产配置出现逆转，国际资本大规模流出新兴市场国家，使得主要新兴市场国家货币对美元大幅贬值。截至12月末，印度尼西亚盾、印度卢比、土耳其里拉、俄罗斯卢布、巴西雷亚尔对美元汇率较年初分别贬值23.15%、12.47%、17.95%、6.67%和12.12%。

（4）发达经济体股市上行，新兴市场经济体股市表现较差

2013年，基于复苏的经济基本面以及宽松的货币环境，主要发达国家股市不断上行。截至12月末，日本TOPIX指数涨幅在发达经济体中最高，为41.52%。美国道琼斯指数、英国富时100指数、德国DAX30指数和法国CAC40指数涨幅分别为23.51%、13.48%、22.70%和16.54%。而新兴市场经济体股市表现普遍差于发达经济体，尤其是在第二季度，受美国量化宽松政策退出预期影响，新兴市场经济体股市大幅下挫。5月至8月末，印度尼西亚和泰国股市分别下跌9%和17%。9月19日，美联储宣布推迟退出量化宽松政策，新兴市场经济体股市随之低点反弹，但全年涨幅仍低于发达国家。

（5）大部分农产品价格下行、贵金属价格全面下跌

因全球橡胶供应超过市场需求，2013年橡胶价格跌幅明显，从2月开始一路下行，截至12月末，全年跌幅为24.35%。同样，因为丰收增加了供给量，小麦、大豆价格在2013年呈下跌趋势，全年跌幅分别为18.23%和8.60%。棉花并未出现2012年的大幅下跌，而是先涨后跌，最终全年上涨14.16%。因气候变化和植物疾病，全球可可持续多年出现生产缺口，2013年可可价格继续走高，全年涨幅为19.43%。2013年，伦敦LME交易的铝、铜、铅、镍、锡、锌等金属价格全面下跌，截至12月末，全年跌幅分别为15.11%、9.96%、5.59%、20.61%、4.57%、0.17%。英国布伦特原油价格全年涨跌剧烈，每桶从年初的110.07美元涨至2月初的119.12美元，接着暴跌至4月中旬的96.97美元，之后反弹，最终年底基本恢复到年初水平。贵金属价格不断下行，12月末黄金和白银现货价格分别为1 207.85美元/盎司和19.50美元/盎司，全年跌幅分别为31.94%和42.91%。

（二）国内宏观经济与金融环境

2013年，面对错综复杂多变的国内外环境，我国坚持稳中求进的工作总基调，以提高经济增长质量和效益为中心，继续实施积极的财政政策和稳健的货币政策，着力深化改革开放，加快推进转型升级，努力保障和改善民生，国民经济呈现稳中有进的发展态势，为金融市场发展提供了稳定的宏观环境。

1. 经济运行稳中有进

2013年，在工业化、城镇化以及区域协调发展的大背景下，实现经济持续健康发展的积极因素依然较多，中国经济稳中有进，经济增长处于合理区间。

（1）经济增长总体平稳

一是国内生产总值增速稳中有升。2013年，我国国内生产总值同比增长7.7%。在经济结构调整和改革各项措施的推动下，中国经济发展的潜能正在释放。

二是物价涨幅基本稳定。2013年，全国夏粮总产量为1.32亿吨，比上年增产196万吨，增长1.5%；猪牛羊禽肉产量8 373万吨，同比增长1.8%，农业生产形势较好，农产品价格保持平稳。2013年全年，工业生产者出厂价格指数（PPI）下跌1.9%，跌幅比上年扩大0.2个百分点；居民消费价格指数（CPI）上涨2.6%，涨幅与上年持平。

三是总需求保持平稳增长。从三大需求看，投资依然是拉动经济增长的主要动力。2013年，全国固定资产投资（不含农户）43.7万亿元，同比增长19.6%，涨幅比2012年全年回落1个百分点。随着全球经济环境好转，出口增速有所回升。2013年，出口总额超2.2万亿美元，比上年增长7.9%，涨幅与2012年全年持平。消费需求平稳增长，2013年，社会消费品零售总额为23.8万亿元，比上年增长13.1%。

（2）经济结构调整取得积极进展

2013年，随着各项改革措施逐步落实，我国经济结构调整和转型升级取得积极进展。一是产业结构加快升级。2013年，第三产业增加值占国内生产总值（GDP）的比重为46.1%，比上年全年提高0.8个百分点，首次超过第二产业。现代服务业、高技术产业及一些新型业态发展势头较好，尤其是一些积极推进转型升级和自主创新的产业和企业呈现出较强的抗风险能力和发展活力。

二是地区发展更趋平衡。2013年，东、中、西部地区投资同比分别增长17.9%、22.2%和22.8%，区域发展协调性逐步增强，中西部地区与东部地区差距进一步缩小。

三是城乡发展更加合理。2013年，城镇居民人均可支配收入实际增长7%，农村居民人均纯收入实际增长12.7%。在农村居民收入较快增长的推动下，乡村消费品零售额同比增长14.6%，增速比城镇消费品零售额高1.7个百分点。

2. 金融环境总体平稳

2013年，中国人民银行按照国务院的统一部署，继续实施稳健的货币政策，增强调控的针对性、协调性，适时适度预调微调，把握好稳增长、调结构、促改革、防风险的平衡点，创造稳定的货币金融环境。2013年，中国人民银行丰富了货币政策调控方法，新增了常备借贷便利（SLF）和短期流动性调节工具（SLO）等，调控时机也更为灵活，促使市场主体形成合理和稳定的预期，推动结构调整和转型升级。

（1）货币环境松紧适度

2013年，银行体系流动性合理适度，信用总量总体增长较快，贷款结构有所优化。一是货币供应量较快增长。12月末，广义货币供应量M2余额为110.65万亿元，同比增长13.6%；狭义货币供应量M1余额为33.73万亿元，同比增长9.3%；流通中的货币M0余额为5.86万亿元，同比增长7.1%。二是金融机构贷款平稳增长。12月末，全部金融机构本外币贷款余额为76.63万亿元，同比增长13.9%。人民币贷款余额为71.90万亿元，同比增长14.1%；外币贷款余额为7 769亿美元，同比增长13.7%。三是金融机构存款稳步增长。12月末，全部金融机构（含外资金融机构，下同）本外币各项存款余额为107.05万亿元，同比增长13.5%。人民币各项存款余额为104.38万亿元，同比增长13.8%；外币存款余额为4 386亿美元，同比增长7.9%。四是社会融资规模继续扩大。初步统计，2013年全年社会融资规模为17.29万亿元，比上年同期多1.53万亿元。

（2）金融改革继续深化

建立金融监管协调部际联席会议制度。为进一步加强金融监管协调，保障金融业稳健运行，2013年8月15日，国务院同意建立由人民银行牵头的金融监管协调部际联席会议制度。联席会议成员单位包括银监会、证监会、保监会、外汇局，必要时可邀请发展改革委、财政部等有关部门参加。联席会议办公室设在人民银行，承担金融监管协调日常工作。这一制度的正式建立标志着我国金融监管协调工作走上了制度化、规范化、日常化的轨道。

稳步推进利率市场化改革。第一，全面放开金融机构贷款利率管制。7月20日，取消金融机构除商业性个人住房贷款以外的贷款利率下限，放开票据贴现利率管制，同时对农村信用社贷款利率不再设立上限。第二，建立金融机构市场利率定价自律机制。9月24日，市场利率定价自律机制成立会议召开。市场利率定价自律机制旨在符合国家有关利率管理规定的前提下，对金融机构自主确定的货币市场、信贷市场等金融市场利率进行自律管理，维护正当竞争秩序，促进金融市场规范健康发展。第三，建立贷款基础利率集中报价和发布机制。10月25日，贷款基础利率集中报价和发布机制正式运行，在报价行自主报出本行贷款基础利率的基础上，指定发布人对报价进行加权平均计算，形成报价行的贷款基础利率报价平均利率并对予以公布。这一机制的建立，有利于促进定价基准由中央银行确定向市场决定的平稳过渡，提高金融机构自主定价能力，维护信贷市场公平有序的定价秩序，完善中央银行利率调控机制，为进一步推进利率市场化改革奠定制度基础。

进一步完善人民币汇率形成机制。2013年，中国人民银行继续按照主动性、可控性和渐进性原则，进一步完善人民币汇率形成机制，重在坚持以市场供给为基础，参考一篮子货币进行调节，增强人民币汇率弹性，保持人民币汇率在合理均衡水平上的基本稳定。

继续深化外汇管理体制改革。第一，稳步推进人民币资本项目可兑换。推进外债管理简政放权，建立以外债登记为核心的外债管理框架。稳步实施合格境外机构投资者（QFII）、人民币合格境外机构投资者（RQFII）和合格境内机构投资者（QDII）制度，同时完善RQFII额度管理相关制度。全面推广资本项目信息系统，推动小额外保内贷业务试点工作，推进跨境担保外汇管理改革，简化并明确相关外汇管理手续。第二，进一步提升贸易投资便利化水平。加快推进服务贸易外汇管理改革。7月，发布服务贸易外汇管理改革法规，宣布自2013年9月1日起实施服务贸易外汇管理改革。出台海关特殊监管区便利化政策，大幅简化区内经常项目外汇管理流程。在北京等五个地区开展跨境电子商务外汇支付业务试点。调增2013年金融机构短期外债和融资性对外担保指标15%左右，并优先向中西部地区和中小企业倾斜。规范并推动个人本外币兑换特许业务发展，支持个人本外币特许兑换公司试点开办外币旅行支票代售业务。

加快金融开放创新。9月，国务院下发了《中国（上海）自由贸易试验区总体方案》，明确在风险可控的前提下，可在试验区内对人民币资本项目可兑换、金融市场利率市场化、人民币跨境使用等方面创造条件先行先试等。12月，中国人民银行下发了《中国人民银行关于金融支持中国（上海）自由贸易试验区建设的意见》，坚持以“风险可控、稳步推进、适时有序组织试点”为原则，对于具体的改革条款，“成熟一项、推动一项”，确保改革试点工作有序进行。

（3）金融业稳健发展

金融行业整体平稳健康发展。银行业金融机构资产规模稳步增长，盈利能力持续提升。2013年末，我国银行业金融机构的本外币资产总额达151.4万亿元，同比增长13.3%；本外币负债总额为141.2万亿元，同比增长13.0%。商业银行全年累计实现净利润达1.42万亿元，同比增长14.5%；不良贷款余额为5 921亿元，不良贷款率为1.0%；商业银行（不含外国银行分行）加权平均核心一级资本充足率达9.95%，加权平均资本充足率达12.19%。证券期货经营机构整体规模保持稳健，盈利水平提高。根据中国证券业协会公布的数据，截至2013年末，115家证券公司总资产为2.08万亿元，净资产为7 538.55亿元，净资本为5 204.58亿元。全年实现营业收入1 592.41亿元，实现净利润440.21亿元，104家公司实现盈利，占证券公司总数的90.43%。保险业总资产和保费收入继续稳步增长。2013年，保险业累计实现原保费收入1.72万亿元，同比增长11.2%；累计原保险赔付支出6 212.9亿元，同比增长31.7%；保险业总资产达8.29万亿元，较年初增长12.7%；净资产达8 474.65亿元，较年初增长7%。

二、2013年中国金融市场运行的主要特点

2013年，我国金融市场的运行面临新的经济环境，主要经济体整体走向复苏，但政策与趋势走向都存在着一定的不确定性；我国经济活动仍保持了稳中有进，稳中向好。在此过程中，金融市场整体继续保持平稳发展态势，同时表现出了市场震荡较为频繁、市场创新加快、制度建设大步迈进、对中小微企业的支持力度大幅加大等特点。

（一）交易规模保持增长

2013年，我国金融市场的总体交易规模继续稳步增长，除债券市场现券交易量下降外，其余各主要子市场成交量均有不同程度的上升。

货币市场、股票市场、期货市场和黄金市场的成交量保持增长。2013年，包含同业

拆借、质押式回购和买断式回购在内的货币市场成交量为193.68万亿元，同比增长2.80%。2013年，期货市场累计单边成交20.62亿手，成交金额为267.47万亿元，同比分别增加42.15%和56.30%。其中，商品期货成交量为18.68亿手，成交金额为126.47万亿元，同比分别上升38.88%和32.72%；股指期货和国债期货成交量为1.94亿手，成交金额为141.01万亿元，较上年分别增加84.76%和85.93%。2013年，上海黄金交易所黄金各品种累计成交1.16万吨，成交金额为3.21万亿元，同比分别增加82.90%和42.60%。2013年，沪深两市股票总成交46.88万亿元，同比增长49.0%。证券市场筹资方面，沪深两市A股筹资总额为2 802.76亿元，同比减少10.4%。

债券市场交易量有所下降，托管量继续保持平稳增长。银行间债券市场累计成交41.61万亿元，同比减少44.66%。债券市场托管总量达到29.41万亿元，其中，银行间债券市场债券总托管量达到26.94万亿元，同比增长11.61%，占全部可交易债券托管总量的91.60%。

（二）价格动能有所增大

货币市场单日利率创历史新高，利率波动幅度加大。以7天期同业拆借日平均利率为例，其最高点为6月20日的12.25%，创历史最高，比2012年的最高点高374个基点，全年利率极差为970个基点，同比扩大335个基点。

债券价格持续先抑后扬，全年波动幅度扩大。2013年初到4月，银行间债券净值指数持续小幅上行，自5月开始，指数开始震荡下跌，6月中旬下跌速度加快，后有所反弹，但整个下半年一直处于震荡下跌的态势之中。指数全年最高点为5月20日的116.811点，最低点为11月20日的110.431点，全年极差为6.38点，较去年同期的2.14点大幅扩大。

股票市场震荡下跌，震荡幅度较去年同期有所扩大。2013年，A股市场延续了自2011年以来震荡下跌的基本走势。年初市场迎来一波小幅上涨行情，2月，上证综指、深证成指分别达到最高的2 434.48点以及10 057.97点。此后，指数一路下跌，到6月25日跌入年度最低点，分别为1 849.65点和7 045.60点，全年极差分别为584.83点和3 012.37点，高于去年同期的518.61点和2 917.42点。年末，上证综指和深证成指分别报收于2 115.98点和8 121.79点，较年初分别下跌了6.75%和10.71%。

黄金价格高位下跌。2013年以来，黄金价格持续下跌，以上海黄金交易所交易量最大的Au99.99为例，截至12月末，其收盘价为236.46元/克，较2013年第一个交易日开盘价336.84元/克下跌了100.38元/克，跌幅为29.80%，是黄金价格自2000年以来的首次年度下跌。从黄金价格的振荡幅度来看，2013年全年黄金价格的极差为126.66，是2012年48.59的约3倍。

人民币对主要货币的中间价波动幅度同比大幅增大。全年人民币对林吉特汇率中间价波幅为626个基点，较上年扩大317个基点；全年港元对人民币汇率中间价波幅为252个基点，比上年扩大93个基点；全年日元对人民币汇率中间价波幅为14 214个基点，比上年扩大4 002个基点；全年欧元对人民币汇率中间价波幅为7 021个基点，较上年减少1 305个基点；全年英镑对人民币汇率中间价波幅为9 765个基点，较上年扩大3 687个基点；全年澳元对人民币汇率中间价波幅为12 420个基点，较上年扩大5 364个基点；全年人民币对卢布汇率中间价波幅为6 865个基点，比上年减少460个基点；全年加元对人民币汇率中间价波幅为6 768个基点，比上年扩大1 957个基点。

（三）市场创新力度进一步加大

1. 信贷资产证券化试点进一步扩大

2013年7月2日，国务院印发《关于金融支持经济结构调整和转型升级的指导意见》，要求逐步推进信贷资产证券化常规化发展，盘活资金支持小微企业发展和经济结构调整。8月28日，国务院召开常务会议，决定在严格控制风险的基础上，进一步扩大信贷资产证券化试点。从国外金融市场发展历史和国内信贷资产证券化实践看，信贷资产证券化是金融市场发展到一定阶段的必然产品，有利于促进货币市场、信贷市场、债券市场、股票市场等市场的协调发展，有利于提高金融市场配置资源的效率。试点八年来，信贷资产证券化的基本制度初步建立，产品发行和交易运行稳健，发起机构和投资者范围趋于多元化，各项工作稳步开展，取得积极成效。进一步扩大信贷资产证券化试点，也是鼓励金融创新、发展多层次资本市场的重要改革举措。

2. 金融产品和交易方式快速增加

在货币市场中，一是人民银行推出同业大额存单，各期限的存单利率均以Shibor利率为参考进行定价。这一业务的推出规范了同业存单业务，拓展银行业存款类金融机构的融资渠道，促进货币市场发展。二是互联网支付公司支付宝与基金公司合作，推出余额宝这一货币市场创新产品，用户可将其支付宝内的余额转入余额宝，并自动购买货币市场基金。

在债券发行市场中，债券产品结构更进一步完整，更好地满足了不同层次与不同类型实体经济主体的融资需求。推动商业银行在银行间债券市场发行首只减记型二级资本债，当发生必须减记或注资该银行才能继续经营的触发事件时，该债券能立即减记或转为普通股。首只中小企业可交换私募债完成发行，该私募债由中小微企业以非公开的形式发行，约定在一定期限内还本付息，或依据约定的条件交换成为该企业所持有的上市公司股份，发行人可以其持有的上市公司股份为该债券进行增信。武汉地铁发行了无到期期限的可续期债券；国电电力也发行了首只永续类中期票据。首单小贷公司私募债在浙江股权交易中心发行，所募集的资金主要用于支持“三农”和100万元以下的小微企业的融资需求。首家非上市证券公司在交易所市场发行公司债。在债券交易市场中，国内首只国债ETF上线，成立首只债券对冲产品，发行了首只政策性金融债指数基金，国债预发行开始试点，首只淘宝互联网债券型基金获批，为投资者提供了更多的投资渠道选择。

在股票市场中，一是股票质押式回购业务开闸。该业务将回购交易业务由持股5%以下的流通股扩大到了所有的股东，且仅需质押股票，无需过户，扩大了交易的客户受众面。二是启动转融券试点。自2012年启动转融通之后，2013年我国A股市场正式启动转融券试点，有利于进一步改变A股市场单边市的格局，对资本市场长期稳定发展有着积极推进作用。

在外汇市场中，发展了人民币对澳元直接交易，实行澳元直接交易做市商制度。

2013年全年，人民币对澳元即期成交1 497.1亿元人民币，同比增长19.95倍，是非美货币中增速最快的币种，对促进中国与澳大利亚之间的双边贸易和投资起到了积极作用。

在期货市场中，一是期货产品快速增加。2013年全年，我国商品期货交易所共计新上市了8个商品期货品种，包括焦煤、动力煤、石油沥青、铁矿石、鸡蛋、粳稻、纤维板和胶合板，商品期货品种增加到38个；金融期货交易所新上市了5年期国债期货1个金融期货品种，金融期货品种增加到2个，产品序列进一步完善。二是期货业机构类别进一步丰富。2013年以来，根据中国期货业协会2月发布的《期货公司设立子公司开展以风险管理服务为主业务的试点工作指引》，到第三季度，共有17家期货公司获准成立期货公司风险管理子公司，开展以风险管理服务为主的业务试点工作。三是期货行业业务创新稳步推进。根据修改后的《证券投资基金销售管理办法》，从2013年6月起，期货公司可参与基金销售。中信建投期货成为首家获得基金代销资格的期货公司，这是继期货投资咨询业务、资产管理业务等创新业务后，期货行业的再一次业务创新。

3. 市场种类呈现多样化

区域私募股权市场多点开花。金融“十二五”规划提出我国要加快多层次资本市场体系建设，此后，区域性股权市场整体上呈现快速发展的态势。截至2013年末，我国正式开业的区域股权市场超过19家，累计挂牌企业数量超过5 500家，超过我国主板市场上市公司数量总和的2倍。

逐步建成全国性的股权转让系统。全国中小企业股份转让系统有限责任公司正式挂牌，全国中小企业股份转让系统正式建成，并从2013年12月起，面向符合条件的企业接受挂牌申请。该系统的建设突出了市场化的理念。同时规定，在全国中小企业股份转让系统挂牌的公司，达到股票上市条件的，可直接向证券交易所申请上市交易；在区域性股权市场进行股权非公开转让的公司，符合挂牌条件的，可以申请在全国中小企业股份转让系统挂牌并公开转让股份。

跨市场业务快速发展。一是证券公司和基金可以受托管理保险资金。二是保险资金的跨市场投资业务范围进一步拓展。2013年，保险资金的金融市场业务范围扩大至融资融券业务、境内及境外金融衍生品交易；在保险资金投向方面，可以投资券商发起设立的集合资产管理计划、信托公司的集合资金信托计划、商业银行发起的信贷资产支持证券及保证收益型理财产品等。三是不同类型的金融机构间的产品交易市场初具雏形。2013年，金融机构间私募产品报价与服务系统上线。金融机构间的产品交易市场将加快实现券商柜台市场的互联互通，未来证券公司可以探索将各类柜台市场互联，打通银行、证券、信托等产品市场。

互联网金融开拓业务发展新模式，互联网企业与金融企业之间的合作日渐频繁，互联网证券产品也开始问世。

（四）运行机制日益完善

1. 完善市场发行制度

在债券发行制度方面，一是倡导招标发行，人民银行指导上海清算所开展债券公开招标系统建设，研究降低企业使用招标系统准入门槛，引导金融债券发行人开展招标发行，发布《金融债券定向发行管理规则》（银市场〔2013〕23号）。二是人民银行指导中国银行间市场交易商协会规范非金融企业债务融资工具簿记建档发行管理，并备案同意中国银行间市场交易商协会《非金融企业债务融资工具簿记建档发行规范指引》。三是人民银行牵头成立分析小组，对新上市债券的一、二级市场利差和换手率进行监测分析。四是2013年国家发展和改革委员会发布了系列通知，加强发行人、中介机构和省级发展和改革委员会在企业债审核中的功能和作用，加强风险防范管理。五是财政部联合人民银行、中国证监会下发关于开展国债预发行试点通知并推动7年期国债作为首批预发行试点。六是人民银行及相关管理部门共同推动国家开发银行到交易所市场发行300亿元政策性金融债券，促进场内和场外市场互联互通。七是中国保监会发布相关制度，正式放行保险集团(或控股)公司募集次级债务。

在股票发行制度方面，启动第四轮新股发行体制改革，探索券商自主配售机制。2013年，中国证监会发布《关于进一步推进新股发行体制改革的意见》，并修订发布《证券发行与承销管理办法》，落实新股发行体制改革要求。本轮新股发行体制改革，对新股发行的参与各方及整个流程提出了较为彻底的市场化改革意见。

2. 优化市场交易制度

进一步规范债券市场业务行为。人民银行出台了系列规章制度，加强对银行间债券市场业务行为的规范和管理。一是要求银行间市场全部债券交易通过全国银行间同业拆借中心系统达成，交易一旦达成则不可撤销和变更，进一步规范了银行间债券市场交易结算行为，维护了投资者的合法权益。二是强化银行间债券市场券款对付结算规则，要求市场参与者进一步建立健全内控机制，明确岗位职责，规范操作流程，以加强防范市场风险，提高市场效率。三是指导中国银行间市场交易商协会发布规范指引、自律指引和信息披露表格体系，对银行间债券市场非金融企业债务融资工具簿记建档、信用评级、存续期信息披露等进行规范和约束。

规范证券公司金融衍生品柜台交易业务。中国证券业协会对证券公司开展金融衍生品交易的业务资格要求、交易对手方的管理、证券公司开展金融衍生品交易业务的风险管理以及资料保管、信息报送要求等进行了规范。

正式实施并购重组分道制。证监会2013年宣布，按照“先分后合、一票否决、差别审核”原则，由证券交易所、证监局、中国证券业协会及财务顾问分别对上市公司合规情况、中介机构职业能力、产业政策及交易类型三项进行评价，按照评价汇总结果将并购重组申请划入豁免/快速、正常、审慎三条审核通道。

加强对跨市场产品的规范和监管。随着跨市场产品的不断发展，相关监管部门对跨市场产品放松管制，明确了证券公司开展银证合作定向业务的禁止性行为，主要包括不允许开展资金池业务，也不允许将资金投资于高污染、高能耗和国家禁止投资的行业或进行利益输送，同时强调创新应坚守不发生系统性、区域性金融风险的底线，注重在资产管理等创新业务中可能存在的风险。

3. 规范银行理财产品投向

中国银监会发布通知，规范银行理财产品投向，一是商业银行每个理财产品与所投资资产要对应；二是商业银行应合理控制理财资金投资非标准化债权资产的总额，规定了商业银行理财资金投资于信贷资产、信托贷款、委托债权、承兑汇票、信用证、应收账款、各类受（收）益权、带回购条款的股权性融资等非标准化债权资产的比例。

4. 夯实基础设施建设

一是推出银行间债券市场现券买卖请求报价功能，丰富了做市商做市方式，有助于进一步提高债券市场流动性。二是银行间外汇市场发布本外币货币掉期曲线，进一步完善银行间外汇市场的基准体系。该曲线的发布有利于促进货币掉期市场流动性，提升市场价格发现功能。三是银行间外汇市场试运行交易确认业务，有效提高了交易效率和直通式处理水平，降低了机构操作风险。

（五）服务实体经济的功能不断增强

1. 金融市场更好地满足了中小微企业的融资需求

票据市场对实体经济保持较强的支持力度。2013年，企业累计签发商业汇票20.3万亿元，同比增长13.3%；期末商业汇票未到期金额为9.0万亿元，同比增长8.3%。年末，票据承兑余额较年初增加0.78万亿元，在全部社会融资中的占比为4.5%。2013年，金融机构累计贴现45.7万亿元，同比增长44.3%。票据市场继续较好地发挥着支持中小企业的功能。

小微企业专项金融债券发行量大幅增加。2013年，相关监管部门规定，对于获准发行此类专项金融债券的银行业金融机构，该债项所对应的小微企业贷款在计算“小型微型企业调整后存贷比”时，可在分子项中予以扣除。在这一政策的支持下，商业银行发行募集资金专项用于小微企业的金融债券数量大幅增加。2013年，共有21家商业银行发行小微企业专项金融债券1 100亿元，专项用于支持小微企业。

小微企业债券发行量大幅增加。2013年，共有100家企业在银行间债券市场发行了35期中小企业集合票据和中小企业区域集优集合票据，募集资金66.39亿元，交易所市场全年发行中小企业私募债券310.7亿元，有效地支持了中小企业的经营发展。

2. 期货市场价格发现和风险管理功能进一步发挥

一是启动国际期货市场主要品种的连续交易。2013年，上海期货交易所启动黄金、白银、铜、铝、锌、铅的连续交易。连续交易将有助于提升我国国内商品期货市场的国际化程度，为实体经济提供更好的价格发现和风险管理工具。

二是期货市场对国民经济服务的深度和广度不断得到扩展。2013年全年，我国期货市场共上市了9个期货品种。这些新品种覆盖了我国经济发展和人民生活的多个重要方面，有效地发挥了期货市场为实体经济服务的功能。

3. 债券市场进一步发挥改善民生的功能

为有效改善困难群众的住房条件，党中央、国务院一直重视城镇保障性安居工程建设，并要求债券市场为符合条件的开发项目提供资金支持。根据相关要求，人民银行积极指导银行间债券市场贯彻相关要求。截至2013年末，保障性住房相关企业在银行间债券市场累计发行中期票据、资产支持票据等债务融资工具515亿元，对应支持29.7万套保障房建设。2013年，国务院专门出台关于加快棚户区改造工作的意见，根据有关精神，相关管理部门也有效加强了对棚户区改造的资金支持力度，国家发展改革委提出，凡是承担纳入改造规划和年度计划棚户区改造项目的建设任务的企业，均可申请发行企业债券用于棚户区改造项目建设；发行申请经核准后，可发行并使用不超过项目总投资70%的企业债券资金；发行债券所获得的资金必须专款专用。

（六）对外开放继续稳步推进

上海自贸区试点投资和金融的自由化。2013年，上海自贸区正式挂牌，成为我国新一轮以开放促改革的试验田。根据党中央、国务院的指导精神，人民银行出台了金融市场发展总体意见，主要包括以下几个方面：一是中外资企业、非银行金融机构及其他经济组织可按规定的形式在境内外市场融入资金。二是探索在自贸区内开展国际金融资产交易等，支持自贸区内符合一定条件的个人、金融企业与非金融企业按照规定投资自贸区内或境外金融市场的基础金融产品，并按照规定开展风险对冲管理。其他监管部门也出台了相应的金融市场发展指导意见，主要包括：自贸区内金融机构和个人可按规定进入上海地区的证券和期货交易场所进行投资和交易；支持金融机构在自贸区内设立机构并按规定进行业务创新。

银行间债券市场的对外开放程度不断提高。在“引进来”方面，一是推动境外企业在境内发行非金融企业债务融资工具。指导中国银行间市场交易商协会通过创新债券发行和募集资金管理制度，开展境外非金融企业在银行间债券市场发行人民币债务融资工具相关工作。2013年12月，戴姆勒股份公司已在交易商协会注册人民币非金融企业债务融资工具额度50亿元。二是进一步丰富境外机构投资者类型。2013年新增38家获准进入我国银行间债券市场的境外机构，目前共有138家境外机构在我国银行间债券市场进行投资。随着人民币超越欧元成为全球第二大贸易融资货币，人民币的国际储备货币地位逐渐提升，境外机构投资人民币债券市场的需求也在不断增长。境外资金投资额度与投资范围继续扩大。截至2013年末，我国共批准251家QFII机构，同比增长19.92%，累计审批额度约495.1亿美元，同比增长10.44%；共批准56家RQFII机构，同比增长50%，累计投资额度约1 575亿元，同比增长15.62%。在“走出去”方面，2013年，中国工商银行赴伦敦试点发行20亿元人民币债券，这是第一家境内金融机构到除中国香港以外的地区发行人民币债券，人民币债券市场的外延不断扩大。截至2013年底，我国共有116家机构获得QDII资格，同比增长6.90%，累计投资额度约842.32亿美元，同比增长5.56%。

在证券业对外开放上，允许外资参股证券公司的比例增加至49%。期货公司海外并购迈出重要一步。2013年7月，广发期货有限公司的全资子公司广发期货香港公司，收购了法国外贸银行所持英国NCM期货公司的100%股权，是中资背景期货公司海外并购的第一单。

三、2014年中国金融市场发展展望

2014年，国际经济将延续缓慢复苏态势，但仍存在不稳定和不确定因素。我国仍将实行积极的财政政策和稳健的货币政策。在改革全面进入深水区的关键时刻，党的十八届三中全会作出了重大部署，对于肩负促进经济转型重任的金融领域，党的十八届三中全会提纲挈领地提出了“完善金融市场体系”的要求，要求未来金融体系能够以更加市场化的方式去帮助解决中国经济所面临

的结构性矛盾。经济转型加大了金融体系转型的紧迫性，在全面深化改革的第一年，之前的各项改革与规范措施将继续落实到位，新的改革措施也将会顺应经济的发展要求而陆续推出；以上海自贸区为代表的对外开放步伐仍将继续推进。

在这一背景下，在发展战略上，我国金融市场将会继续以发展为主旋律，以创新为动力，以服务实体经济发展为使命，以金融市场机制、组织、产品和服务模式创新为核心；将坚持发展与规范并重，继续着力推动形成功能完善、层次丰富、透明规范、稳健高效和开放包容的金融市场体系。

在发展功能上，金融市场将引导和支持银行类金融机构通过“盘活存量、优化增量”，支持重点基础设施建设、战略性新兴产业、科技文化、现代服务业、新型城镇化等重点领域和关键环节，压缩严重过剩产能，淘汰落后产能。

在发展方式及发展内容上，我国金融市场产品、交易方式、市场参与主体等将会继续创新和增多，涵盖金融产品的定价机制、金融机构的准入和运作、市场行为的规范化、金融产品的多元化等内容的市场化改革步伐将进一步加快，多层次金融市场体系的建设和完善，将促使金融资源顺畅地流向经济的不同层次，促进金融服务实体经济的效率进一步提高。

第二章　货币市场

2013年，货币市场交易规模保持增长，市场利率总体上升。其中，同业拆借市场运行总体平稳，非银行金融机构交易日趋活跃；债券回购市场增幅减缓，利率整体上行；短期融资券市场运行态势良好，发行规模持续增加，现券交易量有所减少。票据承兑业务增幅趋缓，票据融资小幅下降，电子票据业务明显增长。

一、同业拆借市场

（一）同业拆借市场的运行情况

2013年，同业拆借市场累计成交35.52万亿元，日均成交1 420.76亿元，较上年下降23.70%。2013年同业拆借全年加权平均利率[①]为4.17%，较上年上升63个基点。7天期同业拆借利率最高点为6月20日的12.25%，比2012年的最高点高374个基点；最低点为3月8日的2.55%，比2012年最低点高39个基点；全年利率极差为970个基点，同2012年相比，扩大335个基点。

从同业拆借利率运行情况来看，全年利率总体震荡走高，季节性特征更趋明显，年中、年末均出现较大幅度上涨，节假日等时点也有不同程度的波动，波幅和波频较往年有所增加。

2013年同业拆借交易期限结构仍以短期

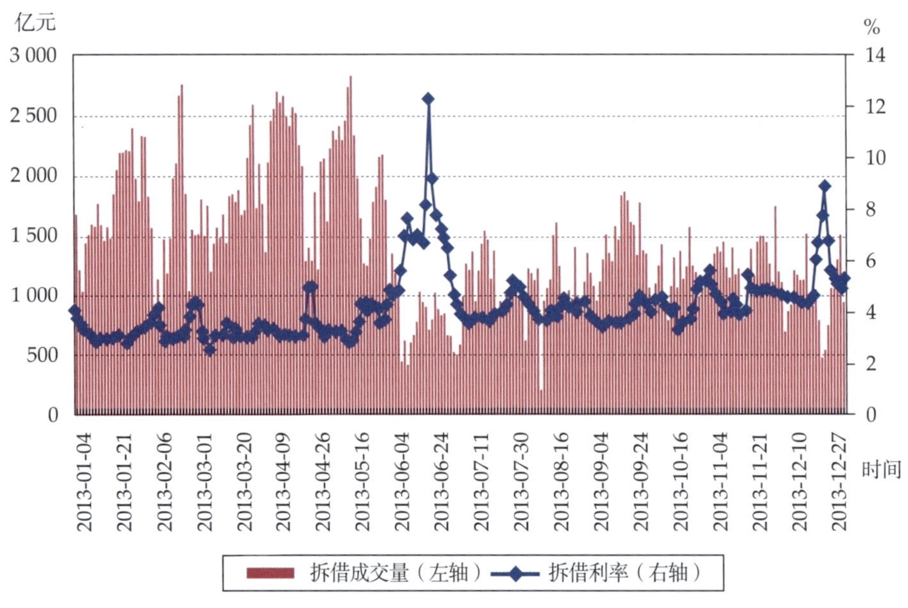

数据来源：全国银行间同业拆借中心。

图2-1　2013年同业拆借交易量和利率走势

①本市场的利率相关数据均以7天期品种为代表。

为主。7天期以内的交易金额占市场总交易量的93.93%，较上年下降1.3个百分点，其中隔夜拆借占比较上年略有下降，为81.54%，较上年下降4.71个百分点；3个月期及以上的交易金额占市场总交易量的0.85%，较上年上升0.16个百分点。

2013年同业拆借市场交易主体仍以银行类金融机构为主。股份制商业银行的交易量占比最大，为38.88%，城市商业银行占11.80%，四大国有商业银行占11.02%，包括上述三类机构在内的银行业金融机构合计占比为87.95%，较上年下降3.24个百分点。非银行金融机构交易量占比总体较小，为12.05%。在非银行金融机构中，证券公司、

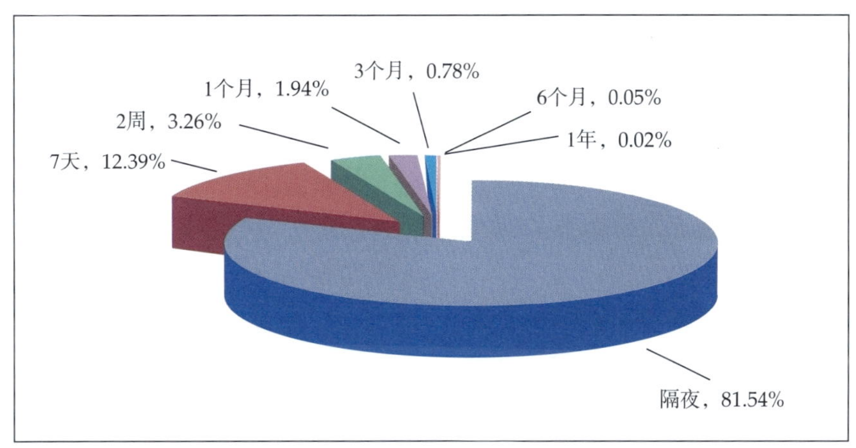

数据来源：全国银行间同业拆借中心。

图2-2　2013年同业拆借交易期限结构

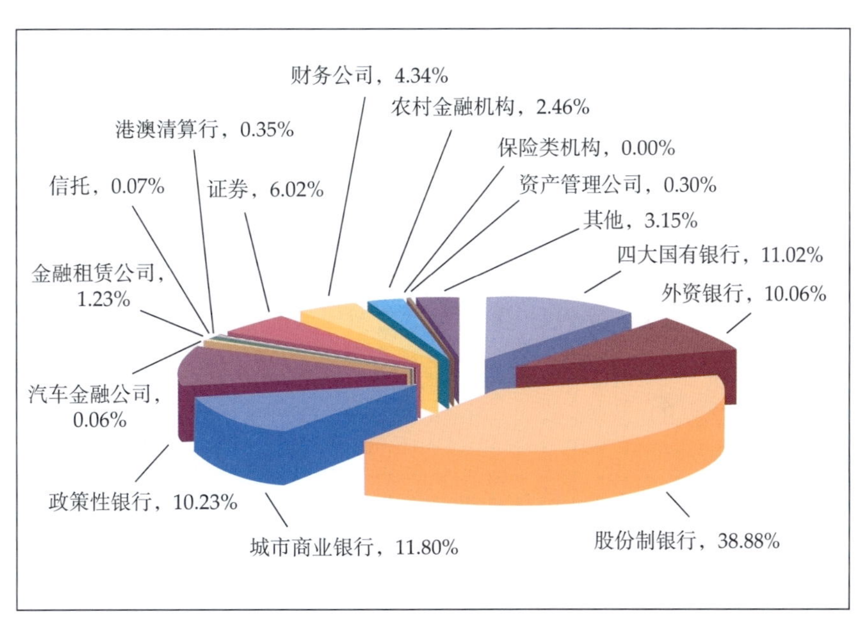

注：“其他”包括中国邮政储蓄银行和中债信用增进投资股份有限公司。
数据来源：全国银行间同业拆借中心。

图2-3　2013年同业拆借交易主体结构

企业集团财务公司交易最为活跃，交易量占比分别为6.02%和4.34%。

（二）同业拆借市场运行的主要特点

1. 拆借利率季节性特征明显且波幅扩大

近年来，同业拆借利率受金融机构自身资金的季节性波动和节假日期间的短期流动性变化等因素的影响，表现出明显的季节性特征，即季末利率上升及节假日前后利率出现短期波动。2013年，外部事件的冲击也对货币市场利率产生明显影响，拆借利率波幅及波频均有所扩大。全年出现两次400个基点以上的大幅波动，100个基点以上幅度的波动也较为频繁。

2013年6月，受美联储退出量化宽松政策预期、补缴存款准备金、税收清缴以及监管政策集中出台的叠加影响，加上金融机构在流动性风险控制和资产负债管理方面的不足等诸多因素的共同影响，同业拆借利率出现较大波动，7天期拆借日加权平均利率从6月3日的4.71%快速上升至6月20日的12.25%，涨幅达754个基点，创自2007年同业拆借管理政策调整以来的新高。年末，受跨年资金需求增加、存款准备金集中上缴、美联储退出量化宽松政策进一步明确等因素影响，7天期拆借日加权平均利率从12月17日的4.64%上升至12月23日的8.84%，涨幅为420个基点。此外，春节前、五一国际劳动节前以及10月末等时点，拆借利率也出现接近200个基点的波动。

2. 交易规模有所下降

2013年同业拆借市场月交易规模呈现前高后低形态。前5个月，同业拆借市场平稳运行，交易活跃，月交易规模在4万亿元左右，基本与去年月均交易规模持平；6月，受货币市场利率短期波动影响，交易规模下降至1.6万亿元，后小幅回升并维持低位。总体来看，全年同业拆借交易规模较上年减少23.94%，是同业拆借市场交易规模在连续8年快速增长后的首次下降。

3. 资金流向发生变化，四大国有商业银行成为资金拆入方

2013年同业拆借市场资金流向与去年略有不同，四大国有商业银行转为资金拆入方，港澳清算行转为资金净拆出方。具体表现为：政策性银行、股份制商业银行、港澳清算行、金融租赁公司和资产管理公司拆出资金，四大国有商业银行、城市商业银行、农村金融机构及其他非银行金融机构拆入资金。

在资金净拆出结构中，政策性银行全年累计净拆出最多，为5.64万亿元，较上年增长32.35%，占比为54.64%，较上年增长17.67个百分点；其次为股份制商业银行，全年累计净拆出3.17万亿元，比上年下降41.14%，占比为30.74%，较上年减少16.03个百分点。

在资金净拆入结构中，证券公司全年累计净拆入最多，为4.01万亿元，较上年增长10.56%，占比为38.85%，较上年增长7.38个百分点；其次是城市商业银行和企业集团财务公司，全年累计净拆入量为3.12万亿元和2.26万亿元，占比为30.23%和21.92%。另外，四大国有商业银行转为资金净拆入方，全年累计净拆入1 924.69亿元，占比为1.86%。

4. 非银行金融机构交易日趋活跃

近年来，非银行金融机构在同业拆借市场的交易积极性不断提升，活跃度有所提高。2013年，非银行金融机构累计开展同业拆借交易8.56万亿元，市场占比为12.05%，

较上年增长3.24个百分点。各类机构的交易占比均得到了不同程度的提升，其中，证券公司和企业集团财务公司增幅最大，分别由上年的4.11%和3.69%增长至6.02%和4.34%，增幅为分别1.91个和0.65个百分点。同时，受中国保监会扩大保险资金运用渠道政策的影响，保险公司逐步开展同业拆借业务，全年拆借交易量为25.21亿元。

（三）同业拆借市场发展展望

近年来，在国内外经济金融形势复杂多变、国际资本流动的不确定性增加的背景下，随着国内利率市场化步伐的加快，金融机构流动性管理面临的挑战与日俱增，同业拆借市场的流动性管理的功能有望进一步发挥。此外，随着同业拆借市场成员队伍的不断壮大，机构类型的日益丰富，市场主体结构将进一步优化。

二、债券回购市场

2013年，银行间债券回购市场交易规模保持增长，但增幅放缓，交易期限结构拉长，回购利率整体上行，中央银行票据在回购标的中的占比继续下降，国有商业银行和政策性银行净融出资金。

（一）债券回购市场运行情况

2013年，银行间债券回购市场累计成交158.16万亿元，较上年增长11.61%。其中，质押式回购累计成交151.98万亿元，较上年增长11.24%；买断式回购累计成交6.19万亿元，较上年增长21.42%。

2013年，回购利率波动幅度较大。质押式回购日加权平均利率为3.54%，比2012年上升63个基点。最高点为6月20日的11.57%，最低点为3月25日的1.90%，利率极

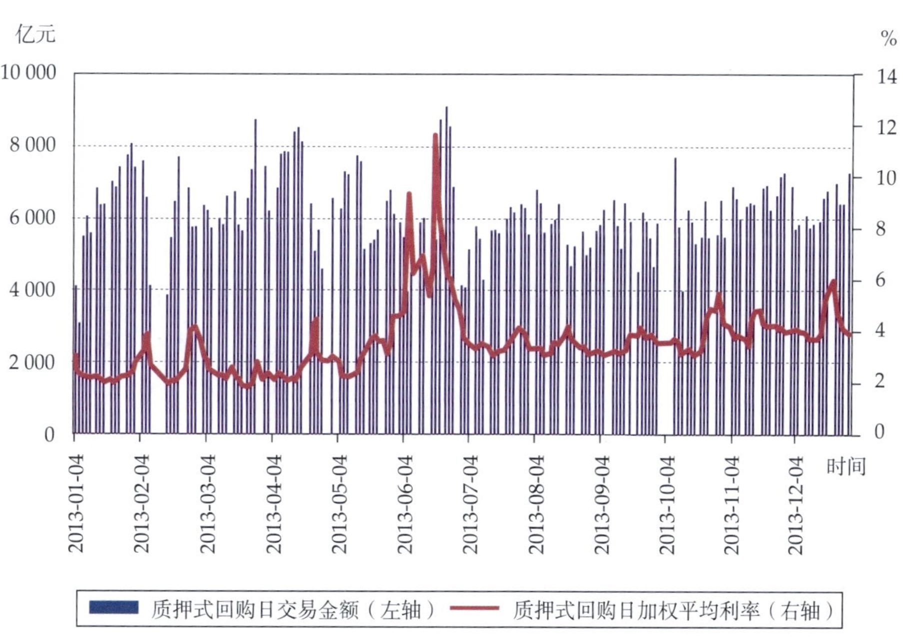

数据来源：中国货币网。

图2-4 2013年质押式回购成交量价

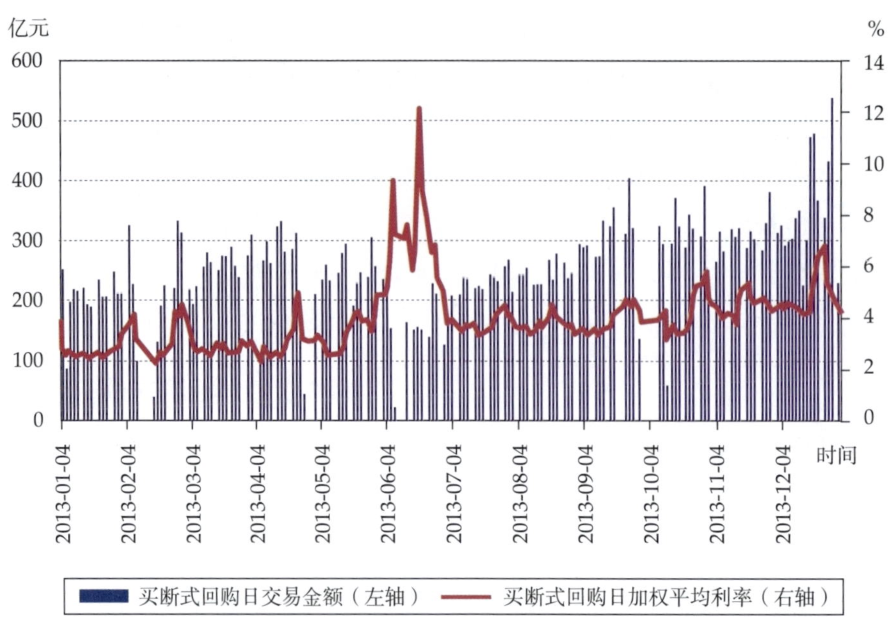

数据来源：中国货币网。

图2-5 2013年买断式回购成交量价

差为967个基点。买断式回购日加权平均利率为3.96%，比2012年上升75个基点，利率极差为976个基点。2013年，质押式回购利率与买断式回购利率走势保持一致，市场整体利率水平高于2012年。

（二）债券回购市场运行的主要特点

1. 回购市场交易规模增幅放缓

2013年，银行间债券回购市场交易规模增长11.61%，增长率较上年下降了30.87个百分点，是2005年以来的最低增幅。

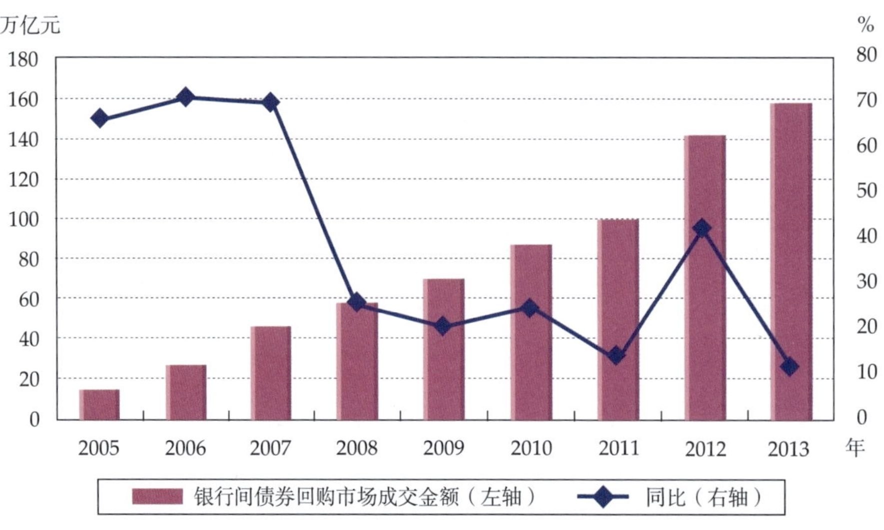

数据来源：中国货币网。

图2-6 2005～2013年债券回购市场交易规模及增长率

2. 交易期限结构拉长

在交易期限结构方面，7天期以下的质押式回购交易占比为92.01%，较2012年减少1.79个百分点。其中，隔夜品种成交继续活跃，共成交120.17万亿元，占质押式回购总成交量的79.07%，较2012年减少2.13个百分点；7天期品种成交量占比为12.94%，较2012年增加0.34个百分点。14天以上期限回购交易占比有所上升，其中14天期品种成交量占比为4.26%，较2012年增加0.79个百分点，21天及以上期限的交易成交占比为3.73%，较2012年增加1个百分点。

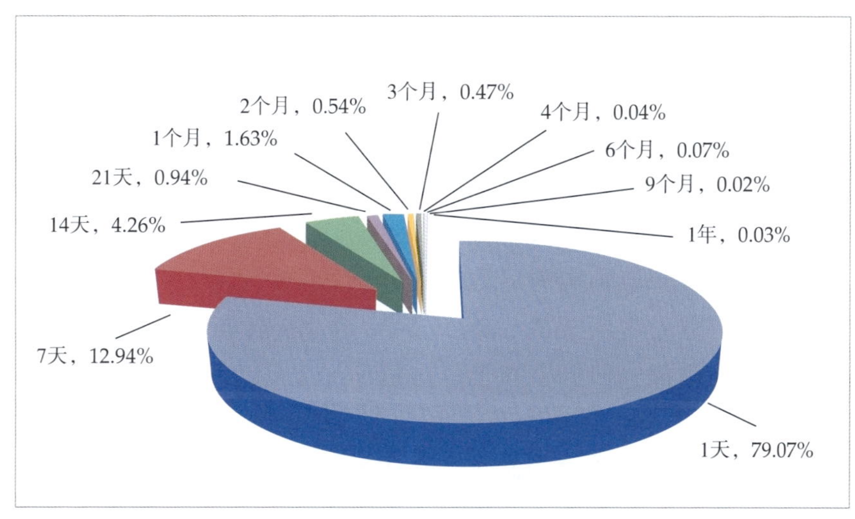

数据来源：中国货币网。

图2-7　2013年债券市场质押式回购交易期限结构

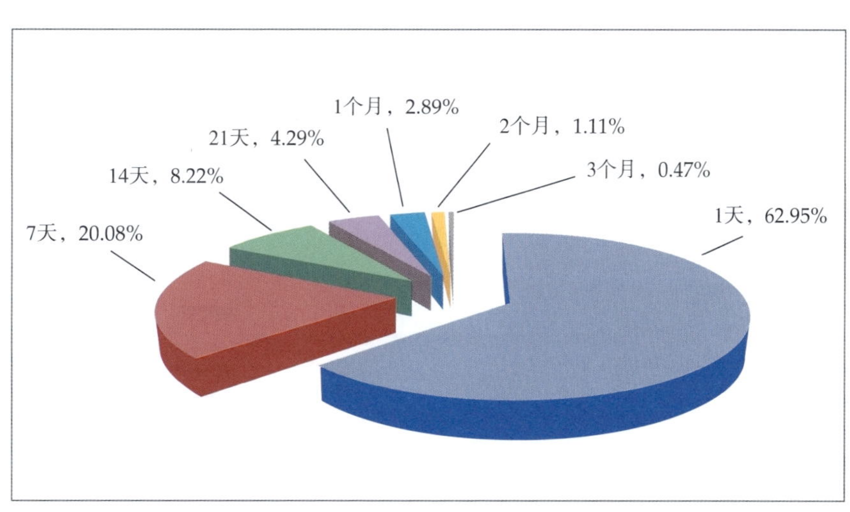

数据来源：中国货币网。

图2-8　2013年债券市场买断式回购交易期限结构

买断式回购交易期限结构在上年有所缩短的基础上重新呈现长期化，7天期以下的交易占总成交量占比为83.03%，较2012年减少4.31个百分点。

3. 回购标的债券分布结构发生较大变化

2013年，以国债、中央银行票据和政策性金融债为标的的质押式回购交易合计占比为77.97%，比2012年增加了0.25个百分点。其中，以中央银行票据作为回购标的的交易占比由2012年的10.25%大幅减少至4.11%，延续了自2009年以来的下降趋势；但以国债作为回购标的的交易占比由上年的31.25%上升为37.70%，上升了6.45个百分点。同时，以短期融资券、超短期融资券、中期票据、集合票据和企业债为标的的质押式回购占比为16.66%，比2012年下降了1.59个百分点。

2013年，以国债、中央银行票据和政策性金融债为标的的买断式回购交易合计占比由上年的53.73%下降至45.16%，下降了8.57个百分点。其中，以政策性金融债作为回购标的的买断式回购占比由上年的41.96%下降为36.05%，下降了5.91个百分点，以中央银行票据作为回购标的的买断式回购占比由上年的4.13%下降为0.25%，下降了3.88个百分点。而以短期融资券、超短期融资券、中期票据、集合票据和企业债为标的的买断式回购占比由上年的42.21%上升为49.28%，上升了7.07个百分点，其中，回购标的为企业债的买断式回购出现显著上升，其成交占比由上年的19.24%上升为24.83%，上升了5.59个百分点。

4. 国有商业银行和政策性银行净融出资金

从回购市场的资金流动方向来看，2013年城市商业银行（包括城市信用社）、股份制商业银行、农村商业银行和合作银行分列

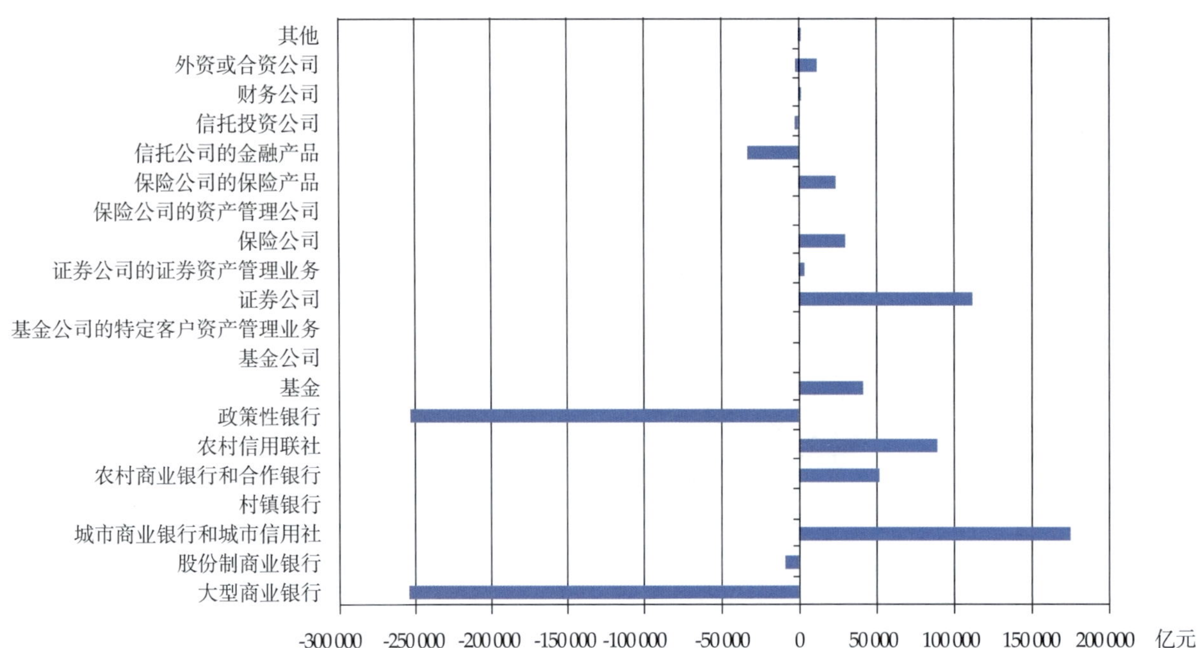

注：图中数据为正回购减去逆回购的净回购金额。
数据来源：中国货币网。

图2-9 2013年债券回购市场机构交易情况

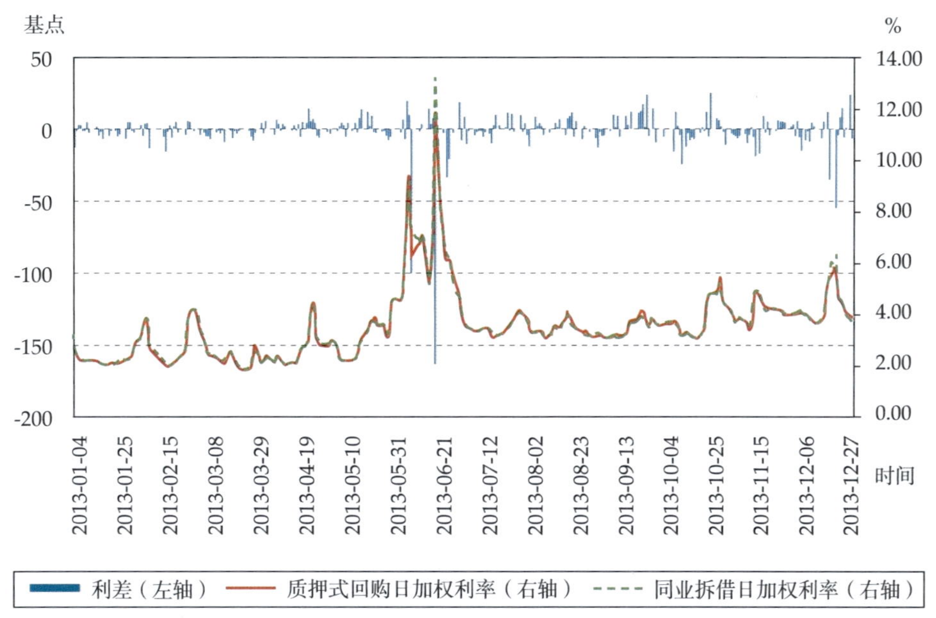

数据来源：中国货币网。

图2-10　2013年债券回购利率与同业拆借利率走势及利差情况

融入资金的前三位，正回购交易量分别为45.26万亿元、24.02万亿元和20.61万亿元，占正回购总量的比重分别为28.62%、15.19%和13.03%；国有商业银行、城市商业银行(包括城市信用社)、政策性银行分列融出资金的前三位，逆回购交易量分别为38.92万亿元、27.71万亿元和25.54万亿元，占逆回购总量的比重分别为24.61%、17.52%和16.14%。

从资金净流向来看，融出资金前三位的机构分别是国有商业银行、政策性银行、信托公司的金融产品，净融出资金分别为25.34万亿元、25.26万亿元和3.25万亿元；融入资金前三位的机构分别是城市商业银行（包括城市信用社）、证券公司、农村信用联社，净融入资金分别为17.56万亿元、11.30万亿元和8.99万亿元。

5. 回购利率与同业拆借利率保持高度同步

2013年，质押式回购日加权利率与同业拆借日加权利率的序列相关系数为0.9946，二者在趋势上保持了高度同步。从二者的利差情况来看，二者利差的平均值①为7个基点，较上年增加2个基点，在250个交易日中，小于10个基点的天数占比为81.60%。但在6月20日货币市场利率出现短期波动当日，二者的利差达到162个基点的年内最大值。

（三）债券回购市场发展展望

近年来，我国银行间债券回购市场取得了长足的发展，市场规模逐年扩大，交易主体、交易类型和标的债券不断丰富，在货币政策调控、金融机构资产负债管理、市场主体融资渠道等方面发挥着越来越重要的作用。2013年，银行间债券回购交易金额是同期银行间市场现券交易金额的3.8倍，比2002年增长了14.5倍。与此同时，回购利率也成为了同业拆借利率形成的重要依据和货币市场

①此处利差为利差的绝对值，不考虑方向。

短期利率的重要参考。2013年，以7天回购定盘利率为参考利率的利率互换交易占比达到65.32%。此外，回购市场的发展也优化了人民银行货币政策的实施条件，为公开市场操作提供了重要平台。2013年，人民银行共通过公开市场进行了29次正回购和43次逆回购操作，回购交易量累计达2.91万亿元。

展望2014年，随着我国利率市场化进程的加快，银行间债券回购市场也将在我国货币市场功能发挥和人民银行货币政策操作中扮演更加重要的角色。《中国银行间市场债券回购交易主协议（2013年版）》的发布和推行，将在完善债券回购交易机制、增强市场流动性、提高市场成员信用风险管理能力等方面发挥重要作用，为我国债券回购市场的规范、持续、健康发展奠定了良好基础。

下一步，人民银行将引导银行间债券回购市场继续加大创新力度，进一步丰富产品结构，扩大回购标的债券的范围，尤其是大力推进信用类债券作为质押物的回购业务，推动买断式回购交易的规模发展，研究并适时推出三方回购业务，完善回购交易的规章、会计、税收等制度和配套设施。

三、短期融资券市场

2013年，短期融资券市场平稳、健康发展，运行态势良好。一级市场发行规模持续增加，存量稳步增长；二级市场平稳运行，现券交易量有所减少，收益率先降后升。

（一）短期融资券的市场运行情况

2013年，非金融企业累计发行1 077只非金融企业短期融资券（包括非金融企业超短期融资券），较上年增加15.3%；累计发行额为15 859.80 亿元，较上年增加13.24%。全年累计兑付金额为14 744.57亿元；净发行金额为1 115.43亿元。截至2013年末，未到期非金融企业短期融资券余额为12 973.0亿元，比上年末增长11.09%。2013年，平均每只非金融企业短期融资券的发行规模为14.73亿元，较上年减少0.45亿元，延续了2010年以来的缩小趋势。

2013年，证券公司累计发行134只证券公司短期融资券，较上年增加118只；累计发行额为2 995.90亿元，是2012年的5.3倍。

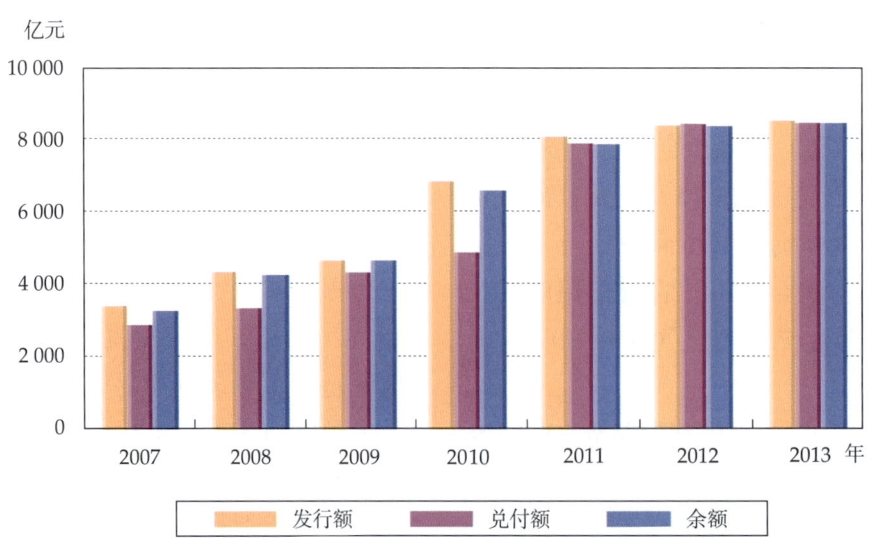

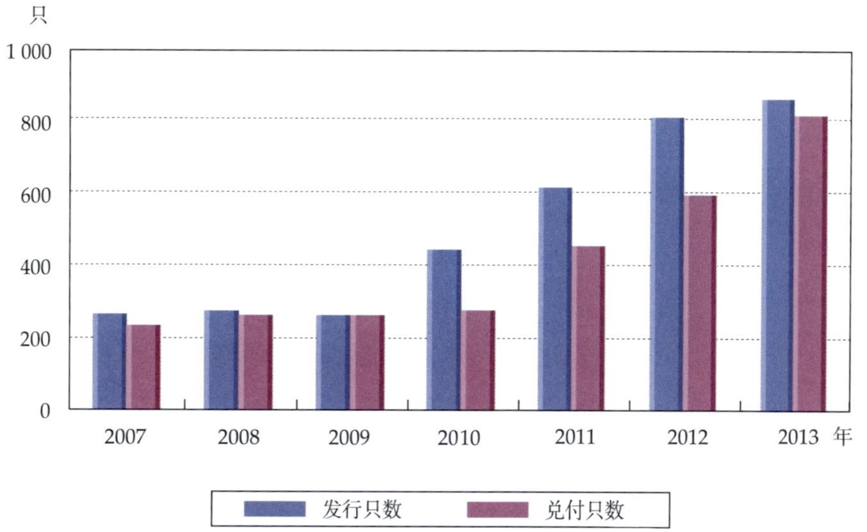

数据来源：中国银行间市场交易商协会。

图2-11 短期融资券发行兑付情况

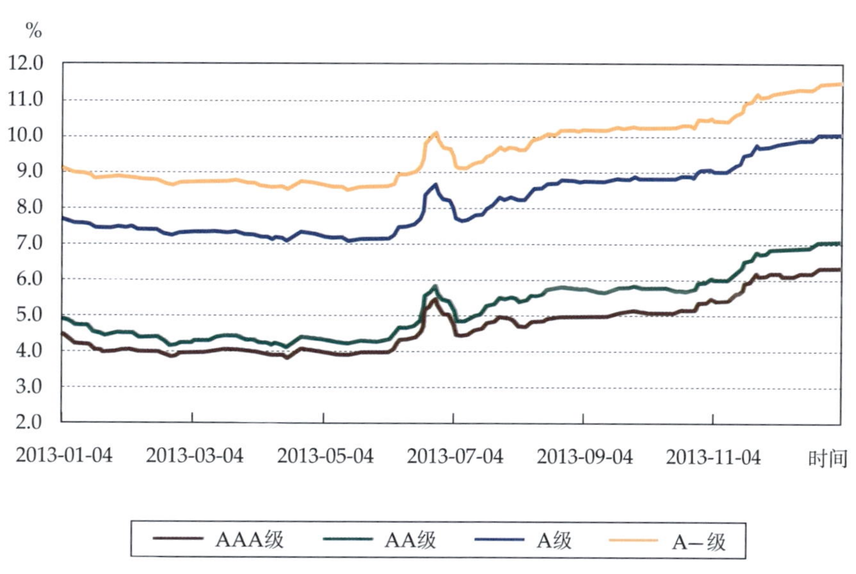

数据来源：中央国债登记结算有限责任公司。

图2-12 2013年1年期短期融资券二级市场收益率

二级市场平稳运行，现券交易活跃度有所下降。2013年，非金融企业短期融资券市场累计现券交易4.89万亿元，现券平均周转率为390.48%，较上年减少471个百分点。

二级市场收益率整体呈现先下行后上行的走势，年底达到历史高位。上半年，非金融企业短期融资券二级市场收益率整体处于下行通道，先在第一季度持续下行，第二季度处于低位徘徊状态。6月中下旬，短期资金价格出现波动，非金融企业短期融资券二级市场收益率大幅攀高，虽于7月初快速回落，但仍显著高于上半年。下半年，非金融企业短期融资券收益率继续上行，并于年终达到历史高位。2013年12月31日，1年期AAA级、

AA级及A级非金融企业短期融资券收益率分别为6.3158%、7.0558%和10.0558%，较年初上行184个基点、216个基点和238个基点。

（二）短期融资券市场运行的主要特点

1. 短期融资券市场平稳发展

2013年，世界经济呈现复苏态势，我国经济稳中向好，企业融资需求保持旺盛，短期融资券发行规模与发行只数稳中有增。下半年以来，尽管货币市场资金价格逐步上行，债券发行难度增加，但是短期融资券发行仍保持了平稳健康的发展态势。全年共有712家非金融企业累计发行1 077只非金融企业短期融资券，较上年增加143只；累计发行额为15 859.8亿元，较上年增加1 214.8亿元；累计兑付982只，累计兑付金额为14 744.57亿元。截至2013年末，未到期非金融企业短期融资券余额为12 973.20亿元，比上年末增加1 115.43亿元。

2. 发行主体信用评级中枢上移

2013年，非金融企业短期融资券发行主体的信用评级中枢上移，AA级以上的发行人数量、发行只数均有所增加，同时发行金额占比也有小幅提高。在全年发行非金融企业短期融资券的712家发行主体中，主体信用评级为AA级及以上的发行主体共476家，占发行家数的66.85%，比上年提高8.84个百分点。主体信用评级在AA级以上的发行主体累计发行非金融企业短期融资券800只，占总非

表2-1 机构投资者持有短期融资券情况表

单位：亿元，%

	持有余额(2013年)	占比	比2012年增减	持有余额(2012年)	占比	比2011年增减
政策性银行及国家开发银行	458.80	3.54	2.66	446.90	3.77	50.37
商业银行	6 408.17	49.40	19.99	5 340.69	45.04	23.18
全国性商业银行①	5 798.18	44.69	25.11	4 634.33	39.08	24.74
外资银行	91.80	0.71	-35.98	143.40	1.21	94.31
城市商业银行	365.47	2.82	27.56	286.51	2.42	-29.87
农村商业银行	130.52	1.01	-48.63	254.06	2.14	111.72
农村合作银行	19.00	0.15	-9.05	20.89	0.18	145.76
非银行金融机构	834.29	6.43	13.64	734.15	6.19	-23.85
信用社	224.65	1.73	-3.14	231.94	1.96	2.40
证券公司	199.47	1.54	-20.85	252.01	2.13	-32.28
保险机构	345.48	2.66	75.80	196.52	1.66	-23.41
基金	5 112.44	39.41	-1.78	5 204.96	43.89	99.36
非金融机构	3.80	0.03	-82.65	21.90	0.18	-54.88

数据来源：上海清算所、中央国债登记结算公司。

①全国性商业银行包括国有及国有控股商业银行和股份制商业银行，其中国有及国有控股商业银行包括中国工商银行、中国农业银行、中国银行、中国建设银行、交通银行、邮储银行及以上各银行分行，股份制商业银行包括中信银行、光大银行、华夏银行、广东发展银行、深圳发展银行、招商银行、上海浦东发展银行、兴业银行、中国民生银行、恒丰银行、浙商银行、渤海银行及以上各银行分行。

金融企业短期融资券发行只数的74.28%，比上年提高9.29个百分点；累计募集资金占总非金融企业短期融资券发行金额的94.34%，比上年提高2.38个百分点。

3. 证券公司短期融资券快速发展

2013年，证券公司短期融资券快速发展，发行主体进一步丰富。2012年证券公司短期融资券发行重启时，发行主体集中于5家证券公司，而2013年发行主体增加到33家，数量显著增加。发行期限更加灵活，以往发行期限均为0.25年，2013年，发行期限增加到7个期限，灵活的期限可以更有效地满足发行人的短期资金需求。全年累计发行134只证券公司短期融资券，较上年增加737.5%；累计发行规模达2 995.90亿元，较上年增加464.19%。

4. 商业银行持有比重增加

2013年，商业银行和保险公司等机构继续增持非金融企业短期融资券，而基金持有量有所减少。截至2013年末，商业银行和基金分别持有非金融企业短期融资券6 408.17亿元和5 112.44亿元，合计占比达到88.8%，仍是非金融企业短期融资券的最主要机构投资者。其中，商业银行持有占比49.4%，较上年底增加4.36个百分点；而基金占比39.4%，较上年底减少4.49个百分点。保险机构持有非金融企业短期融资券345.48亿元，较上年末显著增加七成以上，投资者结构进一步优化。

（三）短期融资券市场发展展望

1. 市场规模有望稳步增长

2013年底召开的中央经济工作会议强调坚持稳中求进的工作总基调，继续实施稳健的货币政策和积极的财政政策，未来一段时期，我国国内生产总值有望保持合理增长。在此基础上，2014年企业融资需求将保持旺盛，短期融资券市场规模有望继续保持增长，从而有效满足实体经济的短期资金需求。

2. 承销体系进一步完善

短期融资券推出以来，持续快速健康发展。随着市场广度和深度的进一步拓展，新增发行主体逐步向地方性企业、民营企业和中小型企业转移。市场发展要求进一步加强承销队伍建设，提高中介服务质量，从而更好地满足不同类型企业的融资需求，服务实体经济发展。2013年11月18日，中国银行间市场交易商协会进一步完善承销业务体系，启动建立主承销商分层机制相关工作，推进承销机构专业化和多元化发展。随着主承销商队伍层次的进一步丰富，尤其是未来地方性银行类承销商在指定范围开展主承销业务，将充分发挥地方性银行的地域优势，丰富当地企业的融资渠道，优化地方金融生态环境，进一步促进短期融资券市场平稳较快健康发展。

四、票据市场

2013年，全国金融机构票据承兑增幅趋缓，票据贴现保持快速增长，贴现余额略有下降；票据融资规模上半年小幅增长，下半年有所回落，贴现余额在各项贷款中占比小幅下降；受银行间市场资金趋紧的影响，下半年票据转贴现和回购交易回落。票据市场利率上半年震荡下行，下半年在高位震荡，年中和年末均出现快速拉升。电子票据业务发展较快，增速明显提升。

（一）票据市场运行情况

2013年以来，全国票据承兑业务增幅趋

缓。全年企业累计签发商业汇票20.3万亿元，同比增长13.3%；期末商业汇票未到期金额为9.0万亿元，同比增长8.3%。1~8月，票据承兑余额持续增长，8月末达到9.6万亿元，创历史新高；9月以来，票据承兑增幅趋缓、余额小幅下降，年末比年初增加0.7万亿元。其中，由中小企业签发的银行承兑汇票约占三分之二，票据业务有效加大了对实体经济特别是小微企业的融资支持。

票据融资交易活跃。全年金融机构累计贴现45.7万亿元，同比增长44.3%；期末贴现余额为2.0万亿元，同比下降4.1%。上半年票据融资余额波动中增长，5月末达到年度最高值2.4万亿元，在各项贷款中占比由上年末的3.24%攀升至5月末的3.58%；下半年金融机构加强了对信贷总量和结构的调整，年末票据融资金额比年初下降896亿元，票据融资在各项贷款中的占比回落至2.73%。

票据市场利率先降后升，年中快速拉升后在高位震荡运行。1~4月，票据贴现、转贴现和回购利率震荡下跌，5月票据市场利率企稳回升。6月中下旬，受多种季节性、时点性因素叠加的影响，货币市场利率出现波动，票据市场利率也随之快速拉升。下半年以来，在人民银行货币政策的引导下，货币市场利率呈下行走势，票据市场利率也有所回落，在相对高位震荡运行，12月受资金因素的影响再次拉升。总体上，下半年票据市场利率整体水平明显高于上半年。

电子票据业务同比大幅增长。截至2013年9月末，接入电子商业汇票系统的机构共有359家，2013年以来新增18家金融机构。2013年，电子商业汇票系统（ECDS）处理电子商业汇票业务总数为242.9万笔，合计金额8.17万亿元，同比分别增长90%和95%。

（二）票据市场运行的主要特点

1. 票据贴现余额先升后降，贴现贷款比小幅回落

2013年，在金融机构一般性信贷投放总

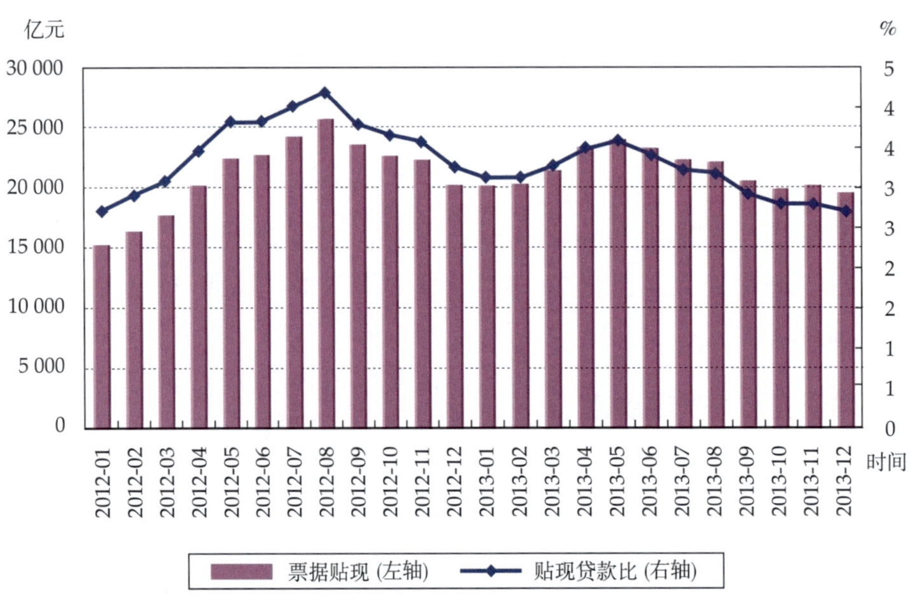

数据来源：中国票据网。

图2-13 2012~2013 年票据贴现余额和贷款占比变动情况

量相对较大的背景下，全国票据贴现余额先增后降，整体规模在各项贷款中占比有所下降。前5个月，由于资金和贷款额度充足，主要商业银行加大贷款投放力度，票据贴现余额与信贷投放基本实现同步增长，至5月末全国金融机构票据融资余额2.4万亿元，较上年末增加3 561亿元，增长17.4%，在各项贷款中占比升至3.58%。6月至12月，因前期信贷投放大以及部分银行资金期限错配等原因，银行间市场资金紧张，票据融资余额持续回落。截至12月末，票据贴现余额为1.99万亿元，比5月末减少了3 469亿元；在各项贷款中占比为2.73%，比5月末下降了0.85个百分点（见图2–13）。

2. 受银行间资金趋紧影响，下半年转贴现总量明显下降

2013年，票据转贴现交易相对活跃。中国票据网数据显示，1~4月转贴现买断报价金额为3.9万亿元，卖断金额为9 416亿元，市场买断卖断报价金额对比为4.14∶1，商业银行买票意愿强烈。5~6月，随着银行间市场资金趋于紧张，银行卖票套现的动机明显增强，买断和卖断报价金额分别为1.18万亿元和1.16万亿元，买卖结构保持基本均衡。下半年以来，银行间市场资金整体维持紧平衡状态，主要商业银行票据转贴现交易意愿不强，转贴现买断金额为3.34万亿元，卖断金额为1.59万亿元，转贴现报价合计4.93亿元，比上半年减少2.01万亿元，下降28.96%。

受银行间资金面趋紧的影响，下半年票据回购交易量明显减少。2013年，中国票据网回购报价金额达8.7万亿元，占全部报价金额的41.8%；其中，逆回购报价为7万亿元，占全部回购报价金额的82.35%，反映出市场对票据回购交易获利的热情。下半年，受银行间资金面相对较紧的影响，票据回购报价金额为3.32万亿元，比上半年减少2.06万亿元，降幅为38.3%。其中逆回购报价金额2.39万亿元，比上半年下降49%（见图2–14）。

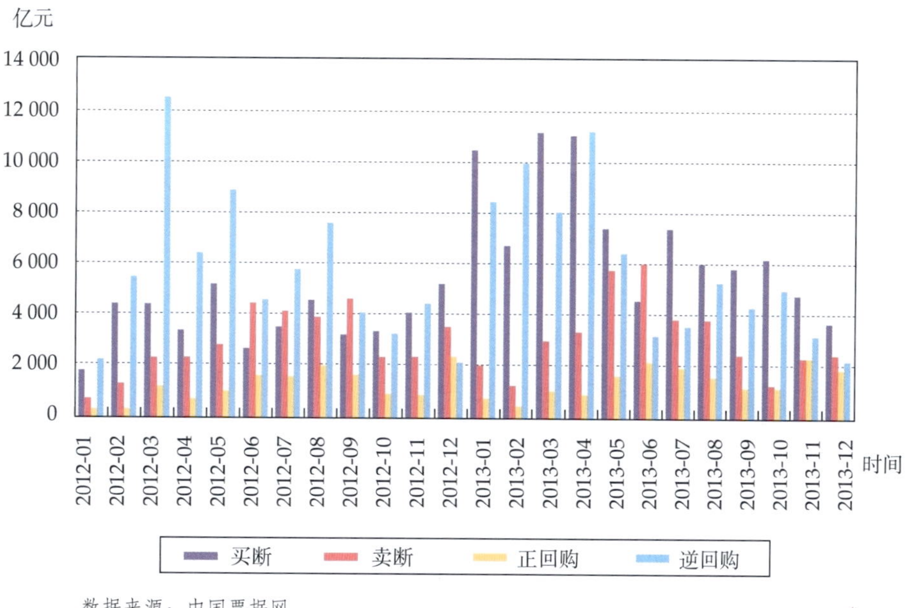

数据来源：中国票据网。

图2–14 2012~2013年票据贴现余额和贷款占比变动情况

3. 票据转贴现利率上半年总体下行，下半年高位震荡

2013年1~5月，商业银行规模和资金均较为宽松，期间除了因春节因素导致票据转贴现利率出现短暂上涨外，其余时间票据转贴现利率逐月下行，至5月末在4.4%附近波动。6月中下旬，受财政性资金上缴、债市清理整顿、银行违约传闻等因素的影响，票据利率大幅反弹，票据转贴现利率快速拉升至8%~9%。下半年，随着银行间资金紧张局面有所缓解，转贴现利率小幅回落；但由于整体流动性仍然相对紧张，票据转贴现利率维持高位震荡运行态势：7~11月，中国票据网加权票据转贴现买入利率在6.20%~6.35%区间窄幅波动运行；12月，银行间市场资金面再度趋紧，票据转贴现利率再次拉升（见图2-15）。

4. 金融机构开展电子票据业务意愿增强

据中国票据网报价信息显示：第一季度，全国金融机构电子票据合计报价金额为2 645.5亿元，环比增长2.62倍，占全部报价量的4.2%；第二季度，电子票据报价金额仍达到3 381.3亿元，环比增长28%，占全部报价量的5.78%。下半年，受银行间资金趋紧的影响，尽管电子票据报价金额比第二季度有所下滑，但它在全部报价金额中的占比逐季上升。第三、四季度，电子票据报价金额分别为2 748.6亿元和2 888亿元，在全部报价量中的占比分别为5.88%和8.08%（见表2-2）。

5. 票据业务监管力度增强

2013年，中国银监会继续加强对票据理财业务的规范监管和对农信社违规票据业务的监管检查，有效促进了票据市场合规稳健运行。3月，中国银监会发文规范银行理财业务的开展，把商业银行票据理财产品业务引导到合规发展的政策轨道。5月，中国银监会开展新一轮票据业务合规监管检查。此次核查重点指向贴现资产和负债、买入返售和卖出回购票据发生额较大的机构，以及与商业银行互为对手大量交易的票据业务，主要是

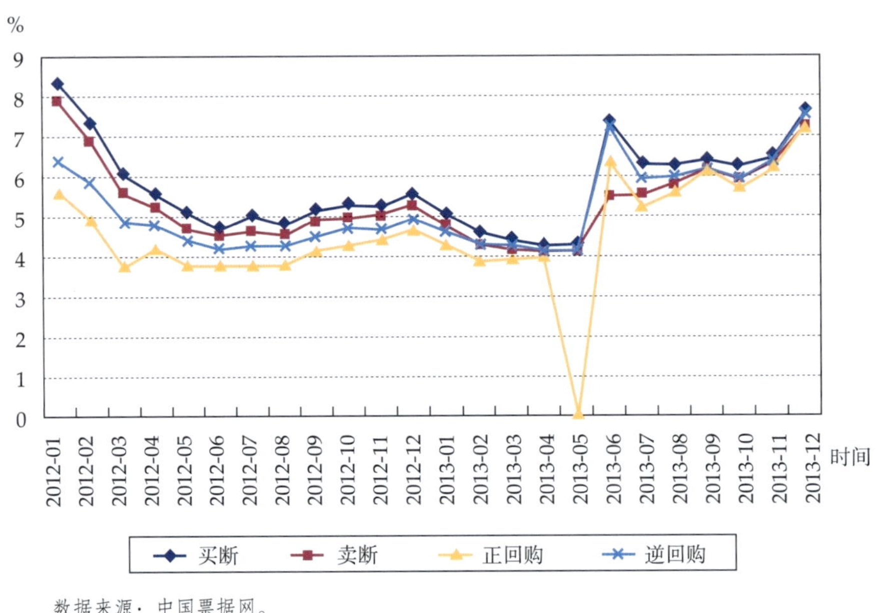

数据来源：中国票据网。

图2-15 2012~2013年中国票据网报价利率变动情况

表2-2　2013年分季度中国票据网电子票据报价情况

单位：笔，亿元

方向	第一季度		第二季度		第三季度		第四季度	
	笔数	金额	笔数	金额	笔数	金额	笔数	金额
买入	396	2 035.5	481	2 217.88	419	1 501.82	647	2 478.19
卖出	137	355.01	390	1 045.33	397	1 099.75	165	337.69
正回购	6	24	9	61.12	4	26	6	15.1
逆回购	22	231	17	57	23	121	14	57
合计	561	2 645.51	897	3 381.33	843	2 748.6	832	2 888

数据来源：中国票据网。

针对近年来票据业务经营存在的较为突出的问题，这有助于票据市场合规发展。

（三）票据市场发展展望

1. 票据市场影响因素多元化

2014年，影响票据市场的因素更趋多元化。除了国内外经济形势、货币政策走势等宏观因素外，信贷规模调控力度、票据市场监管力度、利率市场化程度以及银行间市场清理整顿等，都会对票据市场利率和票据市场参与双方的抉择产生一定的影响，进而影响票据承兑、贴现、转贴现等各项业务的开展。多元化的影响因素还可能产生叠加效应，使得票据市场出现大幅波动。

2. 票据业务模式更趋专业化和集中化

为了防范票据业务风险、提高票据业务的处理效率，近两年来监管机构先后发文要求商业银行票据业务采取集中操作集中管理模式，实现专业化、流程化办理，票据业务呈现出集中化、专业化的趋势。一些基础条件较好的商业银行已经成立了专门的票据市场部门，负责各项票据业务。还有一些票据业务基础薄弱的中小商业银行则采取跨行合作的方式，将票据托管到大银行，委托大银行为其提供票据实物保管、权属登记、资金清算、权属变更以及与此相关的验票、代理托收等，降低票据业务风险。

3. 票据市场电子化程度将进一步提高

电子商业汇票系统上线四年来，其优势逐步显现：一是有利于防范操作风险、提供交易便利、提高市场效率；二是电子票据期限延长至一年，有助于提高银行保证金存款的稳定性；三是人民银行加强了对电子商业汇票业务的支持力度，在办理再贴现业务时优先向电子票据倾斜；四是电子票据贴现利率普遍高于纸质票据。因此，很多商业银行加大了电子商业汇票业务的开展力度，推进了电子票据业务快速发展，市场占比逐年提升。此外，一些大型银行为了应对票据业务集中化、专业化要求，相继建立纸质票据电子化系统，以便票据业务统一管理和票据资料的传输，进一步促进了票据市场电子化的发展。

专题一 2013年银行间市场利率波动分析

2013年，我国货币政策继续保持稳健，但银行间市场利率整体有所上升，波动也有所增多，引起了国内甚至国际上各方面关注。多种因素导致了银行间市场利率波动，最根本性的是市场环境和格局已经发生变化。

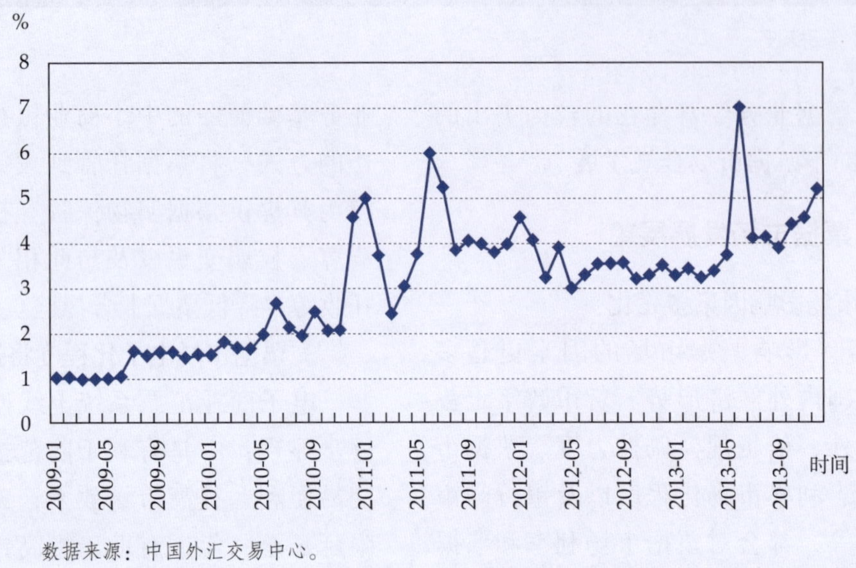

数据来源：中国外汇交易中心。

图2-16 2009~2013年7天期月加权平均利率走势图

一、2013年银行间货币市场利率走势

如图2-16所示，随着我国利率市场化的不断推进，近五年来同业拆借市场利率持续走高，利率中枢不断上移，出现过几次较大幅度的波动。2013年银行间货币市场利率呈现出前平、中高、后升态势，7天期同业拆借月加权平均利率从1月的3.27%逐步上升至12月的5.17%，且波动幅度、频率较大。6月以后，市场利率出现两次400个基点以上的较大幅波动，7天期拆借日加权平均利率从6月3日的4.71%上升至6月20日的12.25%，从12月17日的4.64%上升至12月23日的8.84%；10次100个至200个基点以内的小幅波动，10月末拆借利率也出现195个基点的波幅，由10月22日的3.72%升至10月30日的5.67%。

二、成因

虽然导致银行间市场利率上行且波动性加剧的因素很多，如利率市场化不断推进，金融创新加快发展，债务融资较快扩张以及开放宏观格局下国际资本流向反复变化等，但我们认为核心因素主要是以下四个方面。

第一，市场主力——银行资产负债结构性变化，导致市场利率变化加大。在传统商业银行主导的金融体系下，金融资产主要以存贷款的形式存在，产品单一，尽管存在期限错配的问题，但商业银行资金来源比较稳定，且建立起了比较有效的存款准备金制度以及一系列流动性、稳定性指标要求，流动性备付比较充分，因此较少出现由于资金紧张导致市场利率波动的情况。近几年，受市场深化、金融创新加快和利率市场化等的影响，商业银行资产扩张和表外金融创新加快，各类理财产品、信托产品和其他资产管理业务规模迅速增长，投资于非标准化、流动性相对较低的资产增加，直接或间接地消耗了大量的银行体系流动性。另外，与传统表内业务相比，这部分资金来源稳定性较低，缺乏流动性备付机制，致金融机构对市场变动更加敏感，市场繁荣就大幅扩张，一旦市场风险上升则极易发生流动性逆转。同时，表外资金池的负债结构和期限结构复杂化，通常需要采取滚动融入短期资金对接中长期资产的操作。因此，在市场资金紧张的时期，往往会加剧利率的波动。

第二，地方融资平台、房地产企业融资需求，抬高了市场利率中枢。在现行的财税体制下，地方政府财力有限，在软预算约束、地方官员激励考核机制、依靠土地出让收入来偿债三大因素作用下，地方政府对资金需求加大。它更关注的是资金的可得性，而非资金的价格，大量资金流向了地方融资平台和政府驱动投资的行业，拉升了市场整体利率水平。与此相伴的是房地产企业，在房地产价格持续上升的带动下，进一步推高融资成本，并挤出其他行业、企业融资。2013 年12月末，房产开发贷款余额为3.52万亿元，同比增长16.3%，比上年末高6.1个百分点，远超工业中长期贷款4.2%的增幅。在信贷总量控制下，利率越高，地方融资平台、房地产企业对其他行业融资挤出效应越大，推升实体融资成本上升幅度越大。

第三，市场信息不对称，加剧了利率波动。银行间市场是询价交易市场，相互有授信关系的市场主体，直接就所要达成的交易进行询问、磋商，达成一致意见后确认成交，它能有效、快速地完成大额交易，而不会造成市场价格的剧烈波动，是金融机构之间的主要交易方式。其显著的缺点是市场交易信息不充分、不对称，交易大多在有限范围内进行，一个交易圈子有钱，而另一个交易圈子没钱，在极端情况下，没钱的圈子会更加没钱，势必会出更高的价格来获取资金。这导致没钱的圈子的行为，有可能是小的、局部现象，却被误导为整个市场的现象。

第四，市场传闻扰动，加剧心理恐慌。在信息时代，媒体常常关注极端事件，对有些事会过度解读，市场异动被人为扩大。如2013 年6月货币市场出现了一次较大的波动，媒体在报道时使用了“钱荒来袭”、“市场利率高达多少”等，实际上6月20日，30%的最高成交利率是隔夜的质押式回购交易，成交量为8.12亿元，占当日回购交易量的0.1%。在被夸大的异常氛围里，有钱的机构不仅不出钱，甚至还会借入钱；没钱的机构不惜代价地借钱，进一步人为地加剧了市场的资金紧张现象。

总体来看，随着利率市场化的不断深入，市场利率对基本面变化更趋敏感，这是各方面因素综合作用的客观结果。在此期间，各方面会有一个逐步适应和磨合的过程，当然也有一个逐步完善机制的过程。

专题二 全国银行间市场推出同业存单

2013年12月7日，中国人民银行公布《同业存单管理暂行办法》，并决定于同年12月9日起实施。

一、同业存单管理暂行办法概况

同业存单是指由银行业存款类金融机构法人在全国银行间市场上发行的记账式定期存款凭证，是一种货币市场工具。发行主体包括政策性银行、商业银行、农村合作金融机构以及中国人民银行认可的其他金融机构。投资和交易主体为全国银行间同业拆借市场成员、基金管理公司及基金类产品。同业存单的发行利率、发行价格以市场化方式确定。其中，固定利率存单期限原则上不超过1年，为1个月、3个月、6个月、9个月和1年，参考同期限上海银行间同业拆借利率（SHIBOR）定价。浮动利率存单以上海银行间同业拆借利率为浮动利率基准计息，期限原则上在1年以上，包括1年、2年和3年。发行备案额度实行余额管理，发行人年度内任何时点的同业存单余额均不得超过当年备案额度。公开发行的同业存单可以进行交易流通，并可以作为回购交易的标的物。定向发行的同业存单只能在该只同业存单初始投资人范围内流通转让。同业存单二级市场交易通过同业拆借中心的电子交易系统进行。同时，同业存单可提供做市服务。同业存单发行采取电子化的方式，在全国银行间市场上公开发行或定向发行。全国银行间同业拆借中心提供同业存单的发行、交易和信息服务。同业存单在银行间市场清算所股份有限公司登记、托管、结算。

二、同业存单发行和交易情况

2013年12月12日，首批5家存款类金融机构（国家开发银行、工商银行、农业银行、中国银行、建设银行）通过全国银行间同业拆借中心发行平台各成功发行一只存单。截至2013年12月底，共有10家存款类金融机构发行同业存单，总规模为340亿元（见表2-3），期限最短的为1个月，最长的为6个月。

当月，二级市场共成交6笔，金额为5 931万元，券面金额为6 000万元。从成交品种来看，13农行CD001和13中行CD001交易较为活跃。

根据同业存单收益率曲线，各关键期限点收益率波动明显，其中1个月期产品周内到期收益率变化[①]最大达到62个基点，及时反映了市场的供需状况。同业存单估值，市场报价、成交价与估值较为接近。

三、银行间市场推出同业存单的意义

在全国银行间市场推出同业存单，对拓展存款类金融机构融资渠道，促进货币市场发展，具有积极的意义。一是增强银行负债和流动性管理能力。同业存单以中长期限为主、期限稳定，金额较大，而且利率波动也相对较小，可为银行提供较为稳定的资金来源，弥补商业银行存款不足和满足流动性紧张的需要，为商业银行进行主动负债管理提供较为有效的手段。对

①周内到期收益率变化为当周周五收益率较周一收益率的变化。

表2-3 2013年同业存单发行信息表

发行人	发行日	发行方式	期限	计划发行量（亿元）	实际发行量（亿元）	发行价格（元）	参考收益率（%）	息票类型
国家开发银行	2013-12-12	报价发行	6M	30	30	97.4500	5.25	零息
中国工商银行股份有限公司	2013-12-12	报价发行	1M	30	30	99.5691	5.10	零息
中国农业银行股份有限公司	2013-12-12	招标发行	3M	30	30	98.7400	5.18	零息
中国银行股份有限公司	2013-12-12	报价发行	3M	50	50	98.7340	5.20	零息
中国建设银行股份有限公司	2013-12-12	报价发行	3M	50	50	98.7340	5.20	零息
交通银行股份有限公司	2013-12-13	报价发行	3M	30	30	98.7340	5.20	零息
中信银行股份有限公司	2013-12-13	报价发行	3M	30	30	98.7220	5.25	零息
上海浦东发展银行	2013-12-13	报价发行	3M	30	30	98.7220	5.25	零息
兴业银行股份有限公司	2013-12-13	报价发行	1M	30	30	99.5637	5.16	零息
招商银行股份有限公司	2013-12-13	报价发行	3M	30	30	98.7220	5.25	零息

数据来源：全国银行间同业拆借中心，上海清算所。

于提高银行流动性管理水平、促进货币市场平稳运行具有积极意义。二是有利于进一步完善以SHIBOR报价为基础的市场基准利率体系。同业存单发行利率以市场化方式确定，参考同期限上海银行间同业拆借利率定价。由于同业存单的期限为1个月及以上，对于活跃货币市场交易、优化货币市场结构、提高中长端SHIBOR基准性、促进完善货币市场基准利率曲线具有积极意义。三是进一步推动利率市场化进程。从国际经验看，建立大额存单市场，有利于进一步探索存款利率市场化。同业存单的发行价格和发行利率采取市场化的方式确定，促使商业银行进一步提高定价能力。并且在促进自由竞争、强化市场化管理和加强市场透明度建设等方面都有了明显的进步，这些因素为下一步探索存款利率市场化创造了良好的条件。

第三章 债券市场

2013年，我国债券市场监管规范工作取得积极成效，债券市场在持续完善的过程中继续发挥了对实体经济的支持作用。从整体上看，债券市场规模继续增长，公司信用类债券发行结构有所变化；债券价格走势先扬后抑，整体利率水平上升；债券产品创新和制度建设不断迈进，市场监管体系不断完善，整体安全性和抗系统性风险的能力不断提高。

一、债券市场运行基本情况①

（一）债券发行市场运行的基本情况

1. 债券发行小幅上升，市场存量平稳增长

2013年，全国债券市场共发行各类债券8.81万亿元，较上年增加9 163.0亿元，同比增长11.61%。其中在全国银行间债券市场登记新发债券3 140只，发行量共计8.40万亿元，同比增加8.78%，占债券市场发行总量的95.37%。交易所发行公司债、可转债和中小企业私募债共计331只，发行量为4 082.06亿元，占债券市场发行总量的4.63%。

从新发债券的券种结构来看，企业债券发行4 752.3亿元，同比减少26.88%；政策性银行债发行20 760.3亿元，同比减少6.73%；商业银行债发行1 321亿元，同比减少71.06%，记账式国债发行13 236.4亿元，同比增加11.15%。政策性银行债和记账式国债仍在发行规模中占据主要地位。

截至2013年末，全国债券市场托管量达

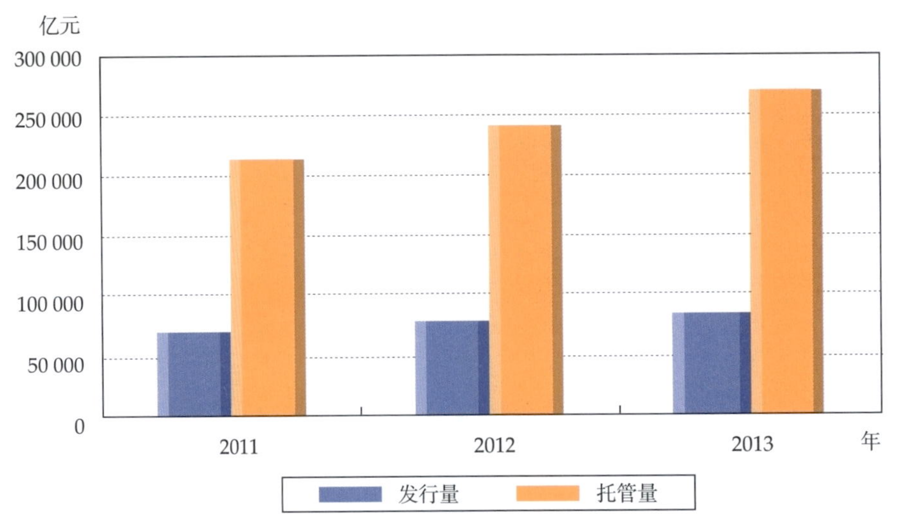

数据来源：中央国债登记结算有限责任公司，上海清算所。

图3-1 2011～2013年银行间债券市场发行量、托管量变化情况

①所有数据均不包含同业存单。

到29.41万亿元，同比增加3.76万亿元，同比增幅为14.66%。其中全国银行间债券市场托管量为26.94万亿元，同比增长11.61%，占全国债券市场托管量的91.61%；交易所市场债券托管量为1.98万亿元，同比增长58.96%，占全国债券市场托管量的6.73%；柜台市场2013年12月末托管量为4 892.32亿元，同比增长59.28%，占全国债券市场托管量的1.66%。

2. 信用类债券发行量增速放缓

2013年，全国银行间债券市场信用类债券发行量达到3.79万亿元，同比小幅增加1.34%。其中，企业债累计发行4 752.3亿元，同比减少26.88%；短期融资券和超短期融资券累计发行15 859.8亿元，同比增加13.43%；中期票据累计发行6 916.2亿元，同比减少15.17%；商业银行债发行量1 321亿元，同比下降71.6%；非公开定向债务融资工具累计发行5 668.08亿元，同比增长48.64%；区域集优中小企业集合票据累计发行61.22亿元，同比增长110.02%；金融企业（证券公司，证券金融公司）短期融资券累计发行2 995.9亿元，同比增长434.03%；非金融企业资产支持票据累计发行48亿元，同比下降15.79%；信贷资产支持证券累计发行144.98亿元，同比下降24.73%；非银行金融机构债累计发行189亿元；集合票据累计发行5.17亿元，同比减少92.7%。此外，2013年债券市场新增一类创新金融产品，即资本债券发行量为15亿元。

3. 债券发行期限结构短期品种占比增加，中长期和长期品种占比下降

从中央结算公司登记新发债券①的期限结构来看，0~3年短期品种发行量占比达到39.40%，较上年提高约14个百分点；3~10年中长期品种和10年以上长期品种发行量占比分别为56.30%和4.30%，分别较上年下降10.01%和4.23%。

（二）债券交易市场运行的基本情况

1. 债券交易活跃度降低

2013年，债券市场共发生现券交易结算42.62万亿元，同比减少45.40%。全国银行间债券市场现券交易量为41.61万亿元，同比下

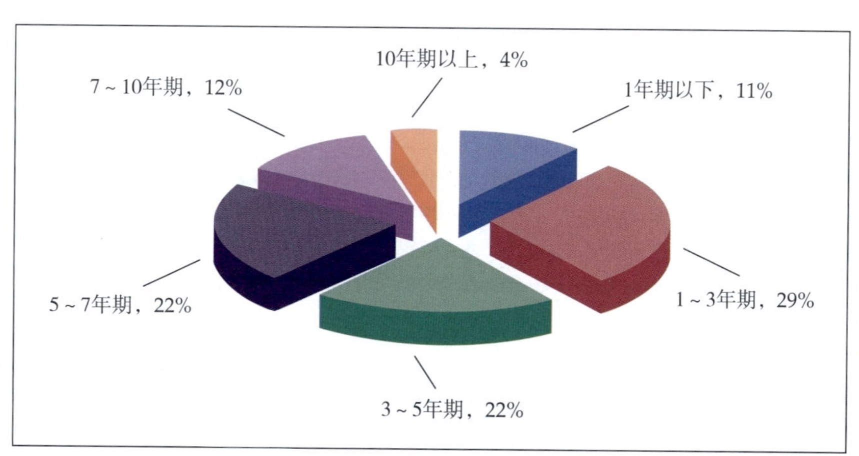

注：期限不含下限，含上限。
数据来源：中央国债登记结算有限责任公司。

图3-2 2013年在中央结算公司发行债券期限结构

①上海清算所公开披露数据中，没有分期限结构的发行数据。

降44.66%。交易所债券现券交易结算量共计1.01万亿元，同比增加71.39%。柜台市场交易量为18.72亿元，同比增加24.92%。

从银行间债券市场现券交易的券种结构来看，信用类债券①现券交易结算量占比最高，比重达到49.90%，结算量同比减少37.03%；政策性银行债券现券结算量同比减少42.57%，而比重提高至30.98%；中央银行票据现券结算量比重为2.51%，结算量同比减少87.24%；国债和地方政府债券现券结算量占比13.74%，结算量同比减少48.38%。

2013年，在中央结算公司登记托管债券的年度换手率②达到118.66%，与上年相比下降179.53个百分点。其中，主要债券品种中期票据与企业债券流动性排名靠前，年度换手率分别为324.37%和297.11%；其余依次为中央银行票据、集合票据、政策性银行债、政府支持机构债券、记账式国债、地方政府债、资本工具、商业银行债和非银行金融机构债，年度换手率分别为192.10%、174.40%、147.41%、123.58%、71.29%、26.79%、26.67%、22.72%和17.49%。

2. 债券市场价格指数先扬后抑，收益率曲线先降后升

2013年中债指数整体大幅下跌。其中，1~5月，债券市场价格指数缓慢上行；6~12月，债券市场价格指数震荡下跌。截至2013年12月末，中债综合指数（净价）为96.07点，较2012年12月末的100.75点下降4.65%，中债综合指数（财富）为145.89点，较2012年12月

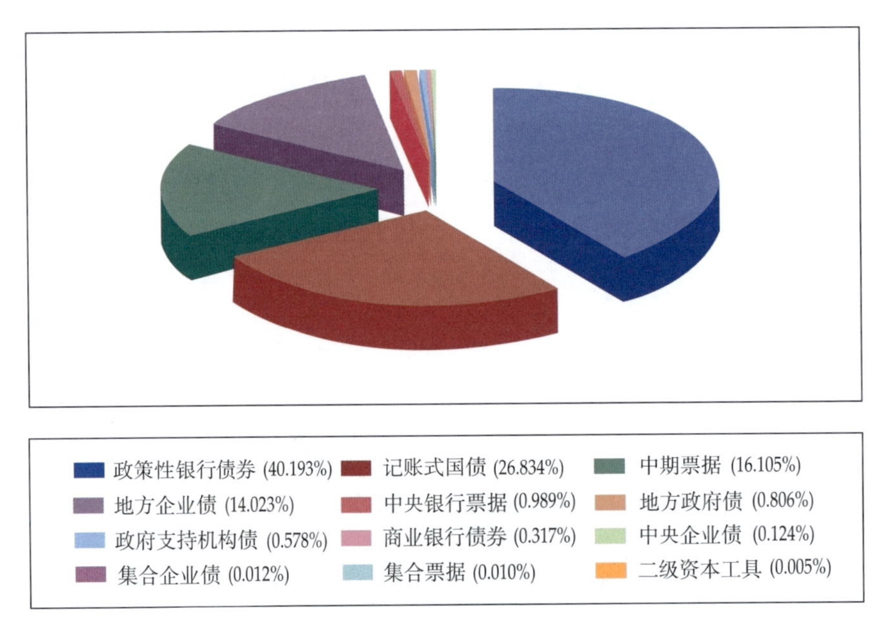

数据来源：中央国债登记结算有限责任公司。

图3-3 2013年中央结算公司登记新发债券各券现券交易占比

①信用类债券含企业债券、中期票据、短期融资券、超短期融资券、商业银行债券、非银行金融机构债券、资产支持证券、集合票据、资本工具、非金融企业定向融资工具、区域集优中小企业集合票据、金融企业短期融资券、非金融企业资产支持票据、资产管理公司金融债、同业存单等。

②按券种的换手率计算不包含上海清算所数据，因为上海清算所公开披露的清算结算量没有分券种。

表3-1 在中央结算公司登记托管债券2013年和2012年换手率比较

单位：%

券种	2012年	2013年	与上年相比活跃度增加
记账式国债	129.19	71.29	-57.90
地方政府债	323.84	26.79	-297.05
中央银行票据	618.55	192.10	-426.44
政策性银行债	289.80	147.41	-142.38
政府支持机构债券	340.51	123.58	-216.93
商业银行债券	59.24	22.72	-36.52
资本工具	—	26.67	—
非银行金融机构债券	69.65	17.49	-52.15
企业债券	463.37	297.11	-166.26
资产支持证券	1.31	0.00	-1.31
中期票据	620.67	324.37	-296.30
集合票据	363.98	174.40	-189.58
中央结算公司登记托管的债券平均换手率	298.19	118.66	-179.53

数据来源：中央国债登记结算有限责任公司。

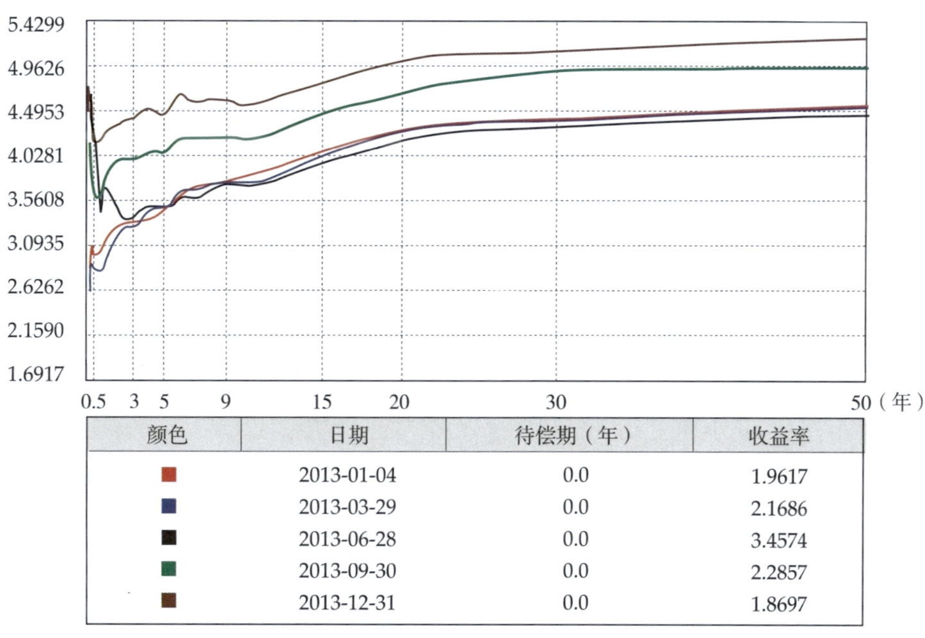

颜色	日期	待偿期（年）	收益率
■	2013-01-04	0.0	1.9617
■	2013-03-29	0.0	2.1686
■	2013-06-28	0.0	3.4574
■	2013-09-30	0.0	2.2857
■	2013-12-31	0.0	1.8697

数据来源：中央国债登记结算有限责任公司。

图3-4 2013年银行间固定利率国债收益率曲线

末的146.58点下降了0.5%。

2013年，债券收益率曲线先降后升。第一季度，中债收益率曲线震荡调整，全国银行间债券市场固定利率国债及政策性金融债分别平均下行9.0个和9.4个基点，企业债（AAA级）和中短期票据（AAA级）分别

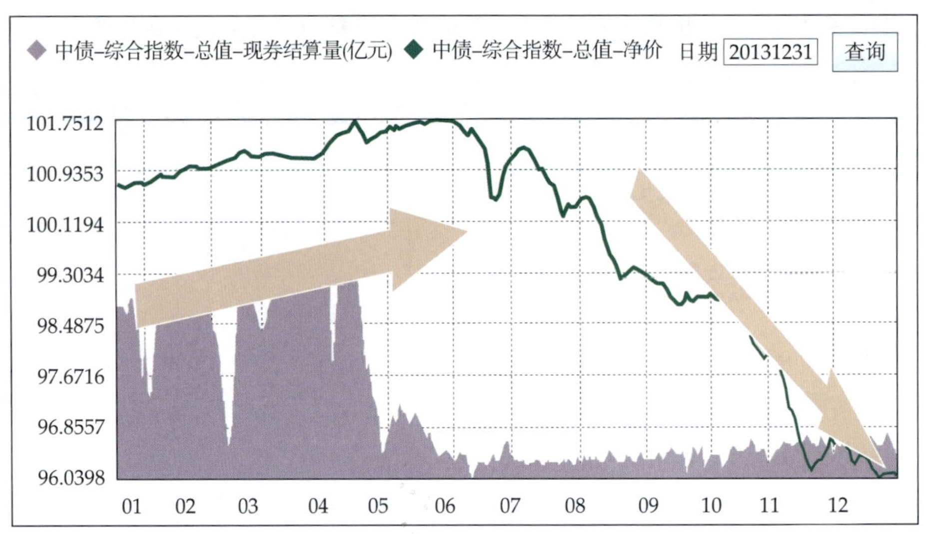

数据来源：中央国债登记结算有限责任公司。

图3-5 2013年中债综合指数（净价）走势

平均下行28.1个和33.9个基点；第二季度，中债收益率曲线明显上行，全国银行间债券市场固定利率国债、政策性金融债、企业债（AAA级）和中短期票据（AAA级）平均收益率分别较本季度初上行39.1个、42.1个、49.2个和53.6个基点；第三季度，在6月出现的货币市场利率异常大幅波动之后，收益率曲线呈现明显的平坦化上行局面，尤其长端上行明显，不考虑隔夜收益率，中债银行间固定利率国债、政策性银行债、企业债（AAA级）和中短期票据（AAA级）各关键期限点收益率较本季度初分别上行29.2个、47.1个、28.0个和26.0个基点；第四季度，资金面继续维持中性偏紧格局，基本面也不利于债券市场，由于年末资金面紧张，中债收益率曲线呈上行态势，全国银行间债券市场固定利率国债、政策性金融债、企业债（AAA级）和中短期票据（AAA级）平均收益率分别较季度初上行65.4个、97.1个、100.0个和107.0个基点。

3. 债券柜台市场交易量减少

2013年，柜台交易的记账式国债数量达到101只，同比减少9只，覆盖了从1年期到10年期的所有关键期限品种。2013年记账式国债柜台交易累计成交13.91亿元，比上年同期减少7.17%。储蓄国债柜台市场销售量为2 169.61亿元，与去年基本持平。

二、债券市场运行的特点

（一）信用类债券平稳发展，发行方式多样化

公司信用类债券整体平稳发展。截至2013年12月末，公司信用类债券在全国银行间债券市场共发行3.79万亿元，同比增长1.34%，占银行间债券市场债券发行总量的45.16%，与上年同期相比下降8.56个百分点。公司信用类债券存量规模9.02万亿元，同比增长22.49%，占银行间债券市场总规模的31.53%，与上年同期相比增长2.62个百分点。

其中，公募公司信用类债券快速发展的势头未能得到延续，主要品种发行量均有所减少或仅小幅增加，企业债和中期票据发行量同比减少26.60%和17.98%，短期融资券发行量同比增加11.84%。而私募债券则发展迅速。由于私募债券的发行可突破我国《证券法》中规定的企业公开发行公司债券“累计债券余额不超过公司净资产百分之四十”的限定，同时私募债券不需向市场公开披露财务报表、募集资金投向和信用评级等文件，因此近两年企业发行私募债券热情较高。银行间债券市场的私募债券主要指由中国银行间市场交易商协会推出的非公开定向债务融资工具（PPN）。自2011年5月首批PPN推出之后，近两年来PPN规模快速增长。截至2013年12月末，PPN存量规模9 381.28亿元，2013年PPN的发行量占到当年银行间债券市场公司信用类债券发行总量的14.75%。

（二）债券发行利率有所上升

2013年上半年债券发行利率平稳，但下半年以来，债券投资需求减弱，发行利率不断走高。国债、政策性金融债各期限招标利率均于11月达到历史高点，部分期次政策性金融债由于发行利率过高而推迟发行。如国债50年期招标利率由5月的4.24%上升107个基点至11月的5.31%，创50年期国债发行以来的新高。国开行政策性金融债10年期招标利率由4月的4.15%上升91个基点至10月底的5.04%。

公司信用类债券发行利率也呈明显的上升趋势。以主体评级为AAA级的5年期中期票据发行利率为例，2013年上半年发行利率较为稳定，基本保持在4.5%至5%的区间范围内，但下半年以来发行利率节节攀升，至11月已超过6%，最高达6.4%水平，较年初最

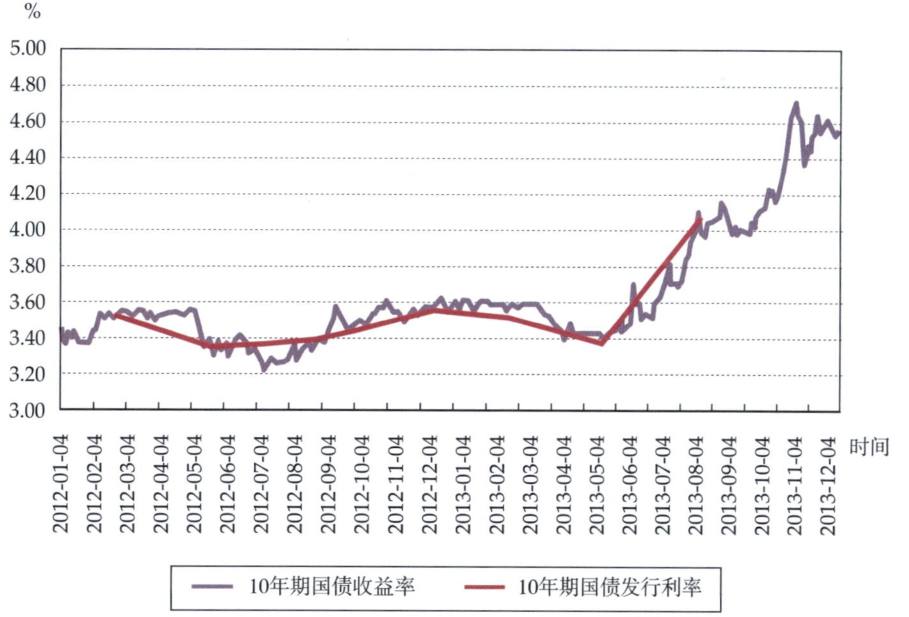

数据来源：中央国债登记结算有限责任公司。

图3-6 2012~2013年10年期国债发行利率和国债收益率曲线走势

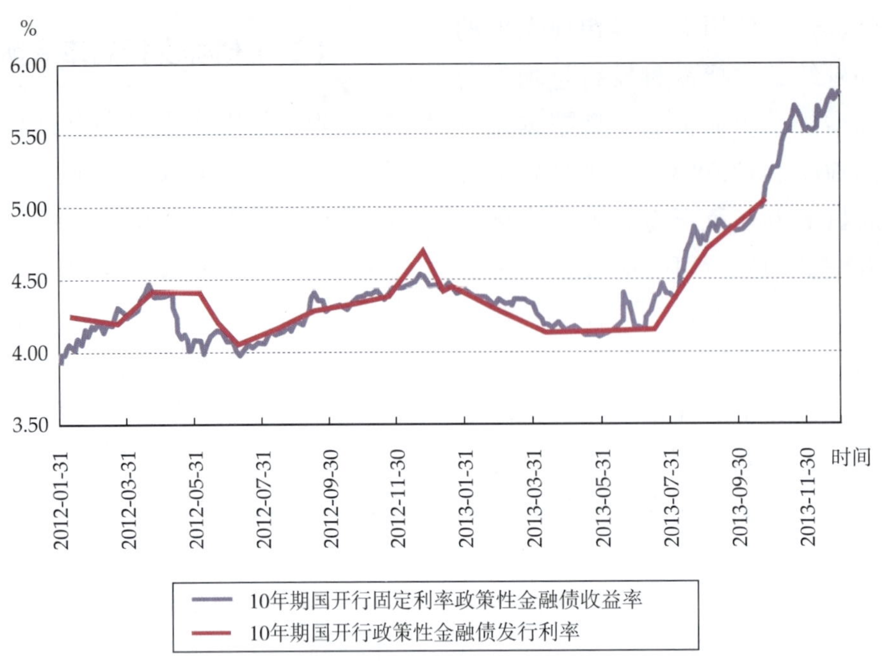

数据来源：中央国债登记结算有限责任公司。

图3-7　2012~2013年10年期国开行政策性金融债发行利率和收益率曲线

低水平的4.84%上升了156个基点。2013年主体评级AAA级的5年期中期票据平均发行利率5.08%，较去年的4.78%上升30个基点。同时，发行利率总体高于二级市场利率，一二级市场仍存在一定的点差。统计数据显示，2013年主体评级AAA级的5年期中期票据一二级市场平均点差10个基点，较2012年收窄5个基点。

发行利率走高受多方因素影响：一是市场流动性预期谨慎，使得债券投资需求减弱；二是年内理财和同业业务的监管，令商业银行表外业务收缩；三是利率市场化推进过程中，债券市场利率中枢的自然抬升等。

（三）债券指数基金进一步发展

2013年以来，债券指数基金（以下简称债指基金）迅速发展，发行规模逐节提升。截止到2013年末的统计数据显示，本年已发行7只债指基金，规模超过220亿元，是2003年发行规模的近23倍。随着境内资本市场国际化进程的加快，以及近年相关监管机构对QFII（合格境外机构投资者）与RQFII（人民币合格境外机构投资者）的投资额度扩容政策，债指基金有望成为市场运行中重要的投资者类型。

（四）支持实体经济功能平稳发挥

2013年，我国债券市场发展坚持贯彻党的十八大、党的十八届三中全会、中央经济工作会议和国务院关于金融支持实体经济发展指导意见的有关精神，继续发挥和提高债券市场在服务实体经济方面的功能及水平，对促进经济结构调整和转型升级的作用进一步发挥。

一是引导债券市场加强对国家振兴类企业、科技创新、战略性新兴产业、现代服务

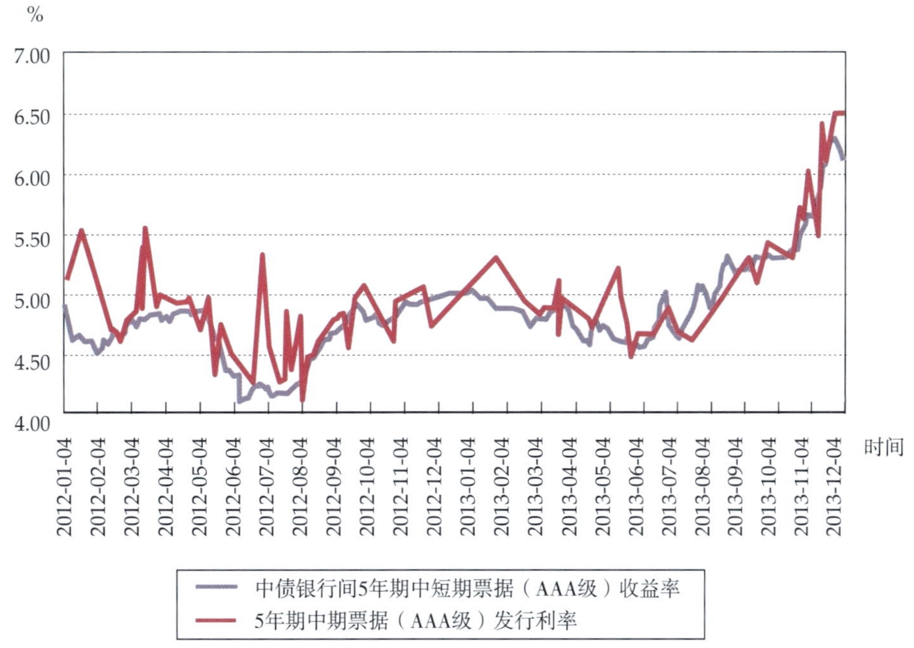

数据来源：中央国债登记结算有限责任公司。

图3-8 2012~2013年5年期中期票据发行利率和收益率曲线

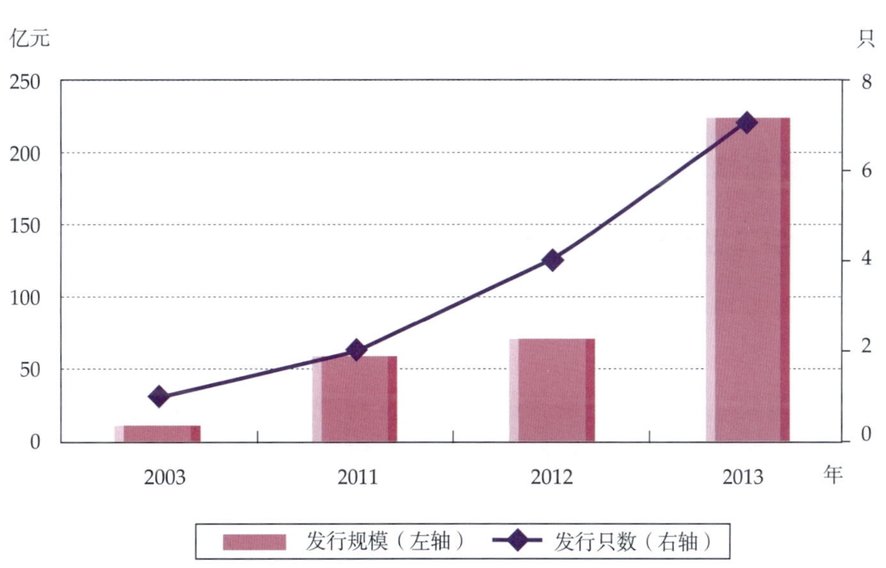

数据来源：Wind资讯。

图3-9 2013年指数型债券基金发行情况

业等经济社会发展重要领域的金融支持。全年共有1 233家企业在银行间债券市场发行了2 170只非金融企业债务融资工具，融资规模达2.88万亿元，比上年增长8.51%。其中，有321家十大振兴类企业发行了559只债务融资工具，募集资金7 772.9亿元；有284家战略性新兴产业发行了512只债务融资工具，募集资金8 953.2亿元；有320家现代服务业企业发行了604只债务融资工具，募集资金6 628.1亿元。

二是整合金融资源支持中小企业发展。2013年，银行间债券市场继续支持商业银行发行金融债券专项用于小微企业贷款，全年有21家商业银行发行金融债券1 100亿元专项用于支持小微企业，有100家企业在银行间债券市场发行了35期中小企业集合票据和区域集优中小企业集合票据，募集资金66.39亿元，交易所市场全年发行中小企业私募债310.7亿元，有效地支持了中小企业的经营发展和资金需求。

三是加大对“三农”、保障房建设等惠及民生领域的金融支持。2013年，有93家涉农企业在银行间债券市场发行了137只涉农企业债务融资产品，募集资金1 332.8亿元；保障性住房相关企业在银行间债券市场发行中期票据、资产支持票据等债务融资工具515亿元，支持了148个项目、29.7万套保障性住房建设。

三、债券市场创新情况

（一）首只减记型二级资本债券发行

2013年7月，在商业银行资本新规实施后，天津滨海农村商业银行成功发行首单15亿元的合乎资本监管新规、含有减记条款的二级资本债券。减记型二级资本债券同此前商业银行发行的次级债券等资本补充工具相比，发行文件中少了赎回条款但增加了特定条件下减记和转股触发条款，可以理解为商业银行的一个资本补充渠道。

中国银监会在2012年6月发布的《商业银行资本管理办法（试行）》中，对银行资本提出了更高的监管要求，重要内容之一便是从2013年起发行的次级债券必须含有减记①或转股条款，否则将被视为不合格资本工具，无法计入监管资本，从而不能起到提高资本充足率的作用。目前，减记型二级资本债券面临的制度障碍最少，成为率先推出的品种。工、农、中、建四大行均已披露了各自的新型资本工具融资计划。减记型二级资本债券的推出既有利于替代此前常用的次级债券等资本补充工具，为新资本管理规定实施后的商业银行提供资本补充渠道，又能提高商业银行资本真实性，并激励银行注重日常经营的稳重，规避可能发生的风险。

（二）首只永续类债券及长期限含权中期票据发行

2013年10月，国内首只永续债——13武汉地铁可续期债正式发行。永续债券是一种不设期限的债券，也称为无期债券，是国际市场上较为成熟的债务融资工具之一，但国内尚未有先例。这类债券没有设定到期期限，持有人也不能要求清偿本金，但可以按期取得利息，一般情况下附有赎回条款和对利息的调整等条件。根据武汉地铁的公告，其发行规模不超过23亿元的债券以每5个计息年度为一个周期。即在本期债券每5个计息年度末，发行人有权选择将本期债券期限延续5年，或选择在该计息年度末到期全额兑付本期债券。从票面利率来看，武汉地铁这期永续债采用浮动利率形式，单利按年计息。票面年利率由基准利率加上基本利差确定。基准利率每5年确定一次。武汉地铁永续债附

①减记条款是指，当触发事件发生时，发行人有权在无需获得债券持有人同意的情况下自触发事件发生日次日起不可撤销地对本期债券以及已发行的其他一级资本工具的本金进行全额减记，任何尚未支付的累积应付利息也将不再支付。触发事件指以下两者中的较早者：其一，中国银监会认定若不进行减记发行人将无法生存；其二，相关部门认定若不进行公共部门注资或提供同等效力的支持发行人将无法生存。

带了流动性支持条款，即债券存续期内，当武汉地铁对本期债券本息偿付发生资金流动性不足时，工商银行在一定条件下，提供不低于本期债券本息偿还金额的流动性支持信贷。

2013年12月，国电电力发行了首只长期限含权中期票据。与传统中期票据相比，该期中期票据在发行条款方面也引入了类似永续债券的不少创新设置，即中期票据的期限为长期存续，并在发行人依据发行条款的约定赎回时到期；国电电力在第5年及之后每年的付息日，都具有赎回本期中期票据的权利；若国电电力在第5年时未行使赎回权，则本期中期票据第6个计息年度到第10个计息年度的票面利率将重置为“当期基准利率+初始利差+300个基点”，初始利差在发行时一经确定不再变更，票面利率每5年重置一次。此外，该中期票据还设置了递延支付利息条款，并约定了强制付息事件以及利息递延项下的限制事项。通过上述创新条款的设置，该只中期票据的本金可以计入权益，增加公司所有者权益并降低公司资产负债率。

（三）多种中小企业债券融资创新出现

2013年4月，渣打银行（中国）有限公司在银行间债券市场成功发行了50亿元3年期人民币金融债券，用于支持小微企业贷款，这是外资银行首次在国内发行支持小微企业的金融债券。

2013年10月，武汉福星生物药业有限公司以所持1 000万股福星晓程股票及孳息为债券持有人交换股份和债券本息偿付提供担保，发行了规模为2.565亿元的国内首只中小企业可交换私募债。中小企业可交换私募债券是指符合工信部标准的中小微型企业以非公开方式发行的中小企业私募债券，在一定期限内，债券持有人可以依据约定条件将其交换为上市公司股份。中小企业可交换私募债作为落实金融服务支持中小企业，探索多层次资本市场股债结合品种创新的尝试，有利于盘活上市公司股东存量股份，为中小上市公司股东提供新的融资渠道。

2013年以来，多种面向中小企业的债券融资产品不断创新，小微企业支持债券发行主体进一步扩大，这都有助于进一步发挥债券市场扶持中小企业发展的积极作用，降低企业融资成本，助力实体经济发展。

（四）债券类基金产品创新不断

2013年3月，经中国证监会批准，国内首只国债ETF“国泰上证5年期国债ETF”正式在上海证券交易所上市交易。国债ETF一般是保险、银行等机构投资者进行现金流匹配的重要投资工具，为机构投资者进行负债管理或大类资产配置提供了明显的便利，未来可能会有大量的产品基于国债ETF平台而活跃起来。国债ETF将有利于打通交易所市场和银行间市场，为两个市场的协调发展搭建桥梁，对建设规范统一的债券市场以及中国债券市场长远发展有积极作用。

2013年10月，国内首只政策性金融债指数基金“广发中债金融债指数基金”开始发行。广发中债金融债指数基金是一只纯债产品，跟踪标的主要是中债5年期（政策性）金融债指数。由于政策性金融债券交易一般在银行间市场的机构投资者间进行，个人投资者无法直接投资。因此，广发中债金融债指数基金为个人投资者参与投资政策性金融债开辟了一条新的投资通道。

2013年8月，国泰淘金互联网债券型基金获批，成为第一只借互联网渠道发行的债券型基金。国泰淘金互联网基金的发售选择双轨并行，除通过基金公司直销和银行代销外，代销机构还包括淘宝平台，但时间上有所推后。这是债券基金发售方式的重要创新，是互联网趋势和现有债券产品的有益融合。在仅发行15天的情况下，国泰淘金互联网债券基金于11月20日发布成立公告，募集份额超过10亿份，认购户数超过10 000户，是2013年第四季度以来唯一一只成立规模超过10亿元的普通债券型基金，显示了以互联网为主要销售人群的产品较强的潜在需求。

可以看到，随着债券类基金品种和发行方式的不断创新，我国债券市场的广度和深度得以进一步拓展，能够为参与者提供越来越多的投资选择。

四、债券市场制度和基础设施建设

（一）建立金融监管协调部际联席会议制度

为进一步加强金融监管协调，保障金融业稳健运行，2013年8月15日国务院发布《国务院关于同意建立金融监管协调部际联席会议制度的批复》（国函〔2013〕91号），同意建立由人民银行牵头的金融监管协调部际联席会议制度。联席会议由人民银行牵头，成员单位包括中国银监会、中国证监会、中国保监会、外汇局，必要时可邀请发展改革委、财政部等有关部门参加。联席会议办公室设在人民银行，承担金融监管协调日常工作。金融监管协调部际联席会议制度的主要职责和任务包括：货币政策与金融监管政策之间的协调；金融监管政策、法律法规之间的协调；维护金融稳定和防范化解区域性系统性金融风险的协调；交叉性金融产品、跨市场金融创新的协调；金融信息共享和金融业综合统计体系的协调；国务院交办的其他事项。

当前，我国正处在经济转型、金融改革的关键时期，建立制度化的金融监管协调部际联席会议是党中央、国务院关于金融工作作出的重要部署，是完善金融监管体制的重要途径，是在当前分业监管体制下维持金融健康、高效运行的内在要求，是推动金融创新、发展金融市场与金融监管相互协调、相互促进的有效保障，是防范系统性风险的迫切需要，是与国际社会在金融危机后所形成的共识和采取的行动相一致的。这一制度的正式建立标志着我国金融监管协调工作走上了制度化、规范化、日常化的轨道。

（二）启动国债预发行试点

2013年3月25日，财政部、中国人民银行和中国证监会发布《关于开展国债预发行试点的通知》（以下简称《试点通知》），其中规定国债招标日前4个法定工作日至招标日前1个法定工作日可进行预发行交易，并实行履约担保制度；原则上应实际交割标的国债，在无法实际交割的情况下，可按各市场相关规则处理。7月15日，财政部发布公告称将7年期记账式国债作为首批开展预发行试点的券种，交易场所符合《试点通知》规定后即可开展7年期记账式国债预发行交易。9月26日，上海证券交易所发布国债预发行相关试点办法，随后国债预发行试点于10月10日在上海证券交易所启动。

预发行首日价格走势平稳，投资者参与

积极，买卖价差较小。首次预发行试点仅金融机构和符合规定的专业投资者参与，其中只有国债承销团成员可以净买入，大宗交易方式暂不使用，单个参与者买入余额不得超过当次计划发行量的6%，交易履约保证金比例暂定为10%。除此之外，首次试点还对价格申报区间、净卖出量等作出限制。国债预发行通过活跃的国债远期交易提前锁定债券价格，能够实现对发行利率的预期，减少一级市场发行对二级市场的冲击。

（三）改进企业债发行工作

2013年发展改革委发布了一系列旨在简化企业债发行审核程序，加强风险防范管理的通知。首先，发展改革委于4月19日发布《关于进一步改进企业债券发行审核工作的通知》，将企业债券的发行申请划分为“加快和简化审核类”、“从严审核类”以及“适当控制规模和节奏类”三类。其次，发展改革委5月发布《关于对企业债券发行申请部分企业进行专项核查工作的通知》，要求对部分企业债发行项目按照IPO财务检查模式进行全方位的专项检查，包括发行人和中介机构自查、再核查和按比例抽查三步。8月28日，发展改革委发布《关于进一步改进企业债券发行工作的通知》，决定将目前由发展改革委进行的企业债预审工作，委托省级发展改革委负责，并明确指出其应于15个工作日内完成预审工作。在这一基础上，发展改革委可根据国家宏观经济金融形势和宏观调控要求，动态调整受理门槛及合理控制债券规模。发展改革委出台的改进企业债发行管理的一系列措施，有利于提高企业债的审核效率，加强偿债风险防范，促进企业债市场的持续健康发展。

（四）加强小微企业融资服务

为贯彻落实《国务院办公厅关于金融支持经济结构调整和转型升级的指导意见》，拓宽小微企业融资渠道，加大对小微企业的支持力度，发展改革委、人民银行、中国银监会等多部委出台了一系列通过债券市场做好加强小微企业服务的文件。

2013年7月，发展改革委发布《关于加强小微企业融资服务支持小微企业发展的指导意见》，从发债、创投、引导基金等方面给出了11项措施，用于缓解小微企业融资难的问题。该指导意见鼓励简化审核程序，提高审核效率，并鼓励国有企业和地方融资平台试点发行小微企业增信集合债券。此外，发展改革委在文件中也首次表态支持符合条件的创业投资企业、股权投资企业、产业投资基金发债。

2013年9月，中国银监会发布《关于进一步做好小微企业金融服务工作的指导意见》，其中共提出了15条具体措施，主要内容涵盖确保小微企业贷款增长、完善小微企业相关指标监测和考核体系、强化对小微企业金融服务的正向激励、鼓励银行业金融机构不断创新小微企业服务方式、争取多方政策支持优化小微企业金融外部环境等，对促进小微企业可持续发展、推动产业升级和经济结构转型具有重要意义。

（五）规范理财产品投资方向

2013年以来，商业银行理财资金直接或通过非银行金融机构、资产交易平台等间接投资于“非标准化债权资产”业务增长迅速。一些银行在业务开展中存在规避贷款管理、未及时隔离投资风险等问题。为有效防范和控制风险，促进相关业务规范健康发展，中国银监会于3月25日出台《中国银监会关于规范商业银行理财业务投资运作有关问题的通知》（银监发〔2013〕8号，以下简称8号文），规范银行理财业务投资运作。8号文对银行理财资金的投向、风险拨备提出明确要求，是应对规模日益增长的银证业务、银基业务等相关风险的重要举措，旨在规范银行理财业务投资运作，防范化解银行理财业务风险。

具体来说，8号文明确要求商业银行每个理财产品与所投资资产要对应，投资于“非标准化债权”（以下简称非标债权）资产的理财产品是监管重点。8号文将非标债权定义为信贷资产、信托贷款、委托债权、承兑汇票、信用证、应收账款、各类受（收）益权、带回购条款的股权性融资等，而在银行间市场及交易所市场交易的债券等工具则被认定为标准化债权资产。中国银监会要求商业银行应合理控制理财资金投资非标债权资产的总额，并将对这部分投资采取限额管理原则，明确规定商业银行理财资金投资非标债权资产不得超过理财资金的35%，并不得超过银行总资产的4%。对于8号文印发之前已投资的达不到上述要求的非标准化债权资产，则要求商业银行应比照自营贷款，按照《商业银行资本管理办法(试行)》要求，于2013年底前完成风险加权资产计量和资本计提。同时，8号文还对商业银行理财产品的信息披露、风险管理、限额管理、代销审核、担保或回购承诺以及监管机构对产品的监督检查和处罚工作提出了具体要求。

（六）行业自律工作进一步深入

伴随着我国债券市场广度和深度的不断拓展，市场的行业自律工作也进一步深入。2013年，中国银行间市场交易商协会先后发布了《非金融企业债务融资工具簿记建档发行规范指引》、《非金融企业债务融资工具信用评级业务自律指引》、《非金融企业债务融资工具存续期信息披露表格体系》、《银行间债券市场非金融企业债务融资工具持有人会议规程》、《银行间市场经纪业务自律指引》，分别从债务融资工具发行、信用评级、信息披露、投资者保护和经纪业务等多方面强化了银行间市场的自律管理职能。其中，《非金融企业债务融资工具簿记建档发行规范指引》以债务融资工具簿记管理人、发行人、主承销商、承销团成员等簿记建档发行参与方为约束对象，以参与各方的制度建设、现场管理、流程操作等为作用范围，对簿记建档发行的基本原则和操作要求进行了明确。《非金融企业债务融资工具信用评级业务自律指引》以非金融企业债务融资工具信用评级业务为约束对象，提出了对信用评级机构及从业人员的原则性要求，并要求信用评级机构应建立健全并切实执行信息管理、评级质量控制、利益冲突管理和信息披露等方面的管理制度和工作机制。《非金融企业债务融资工具信用存续期信息披露表格体系》则与注册文件表格体系在内容上相互衔接、体例形式上保持一致，与注册文件表格体系共同构成债务融资工具市场信息披露格式规范的全套制度，实现了对相关主体从注册发行到本息兑付期间各阶段信息披露的全流程规范。《银行间债券市场非金融企业债务融资工具持有人会议规程》明确了持有人会议的法定议事程序和一般议事平台的双重功能，在会议召开、通知公告、召集、债权登记、审议、表决、答复、信息披露、备案和资料保管等程序上提出了具体要求，并在会议触发条件、参会权确认、参会人员权限与委托事项、表决权与核对、会议有效性与决议有效性等基本机制上制定了严谨合理的规定，从自律角度对债务融资工具相关各方就召开持有人会议相关的权利义务进行了规范。《银行间市场经纪业务自律指引》通过包括总则、内控制度和风险管理、业务规范、自律规范及附则等在内的五个部分共四十五条条文，对银行间市场经纪业务做了全方位的规范。这些自律文件的推出顺应了银行间市场发展的需求，对推动银行间市场进一步规范发展具有重要意义。

（七）推进信贷资产证券化常态化发展

2013年7月5日，国务院印发《关于金融支持经济结构调整和转型升级的指导意见》，其中要求逐步推进信贷资产证券化常规化发展，盘活资金支持小微企业发展和经济结构调整。随后，8月28日的国务院常务会议决定在实行总量控制的前提下，扩大信贷资产证券化试点规模。根据会议精神，优质信贷资产证券化产品可在交易所上市交易；风险较大的资产不纳入试点范围，不搞再证券化；信贷资产证券化实行统一的发行、登记托管。11月18日，国家开发银行成功发行“2013年第一期开元铁路专项信贷资产支持证券”，总额为80亿元，这是贯彻国务院关于扩大信贷资产证券化试点要求发行的第一单产品。12月31日，人民银行会同中国银监会发布《中国人民银行公告〔2013〕第21号》，明确发起机构可以按照有关要求灵活确定风险自留的具体方式，进一步提高了商业银行参与资产证券化扩大试点的积极性。

逐步推进信贷资产证券化工作由试点向常态化发展，是落实金融支持经济结构调整和转型升级的具体措施，既可以有效优化金融资源配置、盘活存量资金，拓宽“三农”企业、小微企业的融资渠道，推动我国城镇化建设，也通过释放沉淀的流动性，为商业银行在利率市场化、混业经营等挑战下进行金融创新创造更大的空间。

（八）完善金融债券的相关制度规范

一是进一步规范金融债券定向发行要求。2013年9月26日，人民银行发布《中国人民银行金融市场司关于定向发行金融债券相关事宜的通知》，明确了金融债券定向发行的定义和特征、认购人资质要求等内容，支持了金融机构多样化的债券发行方式要求。

二是推动金融债券跨市场发行。首批120亿元国开行金融债券于2013年12月27日在上海证券交易所成功发行。国开行金融债券发行引入交易所市场，能够丰富国开行金融债的投资者群体，探索金融债券多样化的发行渠道，增加交易所市场中小投资者的投资品种，有利于改善交易所市场深度不够、流动性较差的现状。在债券品种扩大流通、投资群体流通的基础上，推动债券市场基础设施互联互通机制的升级完善。

三是建立健全金融债券用于小型微型企业贷款的后续监督体系。2013年12月31日，人民银行发布《中国人民银行关于金融债券专项用于小微企业贷款后续监督管理有关事宜通知》，在金融债券发行人募集资金运用管理，主承销商对募集资金使用和信息披露督导以及金融债券专项用于小微企业贷款情况的监测监督等方面提出了具体要求，形成了一套相对完整的后续监督管理体系。这有利于确保相关金融债券募集资金全部用于小微企业贷款，进一步改善小微企业金融服务。

（九）推动保险资金投资债券市场

2012年6月，中国保监会推出了13项保险投资新政征求意见，意见打开了保险业通往证券、基金、银行、信托等行业的业务通道，有助于增加保险资金的投资稳定性及持续性。13项投资新政主要内容包括：允许保险机构开展融资融券业务；允许保险机构参与境内及境外金融衍生品交易；拓宽保险资金境外投资品种和范围；允许基金、券商受托管理保险资金；允许保险机构投资券商发起设立的集合资产管理计划、信托公司的集合资金信托计划、商业银行发起的信贷资产支持证券及保证收益型理财产品等。

目前中国保监会已出台了《保险资金投资债券暂行办法》、《境外投资管理暂行办法实施细则》、《基础设施债权投资计划管理暂行规定》、《关于保险资金投资有关金融产品的通知》、《关于保险资产管理公司有关事项的通知》、《保险资金参与金融衍生产品交易暂行办法》、《保险资金参与股指期货交易规定》、《关于保险资产管理公司开展资产管理产品业务试点有关问题的通知》、《关于加强和改进保险机构投资管理能力建设有关事项的通知》和《关于债权投资计划注册有关事项的通知》10项投资新政，保险资金运用领域的改革创新逐步落地，债券市场将成为保险资金市场化运用的主要投资方向。

（十）完善银行间债券市场交易结算业务

为规范银行间债券市场交易结算行为，打击线下关联交易，防止利益输送，推动市场进一步健康发展，中国人民银行于2013年7月2日发布中国人民银行〔2013〕第8号公告，要求银行间债券市场交易需通过全国银行间同业拆借中心交易系统达成，一旦达成交易则不可撤销和变更；中央国债登记托管结算有限责任公司和银行间市场清算所股份有限公司（以下统称债券登记托管结算机构）不得为未通过同业拆借中心交易系统达成的债券交易办理结算。该公告所指债券交易包括现券买卖、债券质押式回购、债券买断式回购、债券远期、债券借贷等。公告还对非交易过户报告，债券交易联网申请与账户开立，债券登记托管结算机构间信息核对、共享、监测等作出了规定。随后，全国银行间同业拆借中心和债券登记托管结算机构均按公告要求，分别制定了相关业务规则和应急处理方案。这一系列举措将有利于防范违规债券交易、结算发生，维护市场参与者合法权益，促进市场健康规范发展。

（十一）优化券款对付结算服务

中国人民银行于2013年8月27日发布了中国人民银行〔2013〕第12号公告（以下简称《公告》），其核心内容是银行间债券市场参与者的债券交易全面采用券款对付（以下简称DVP）结算方式。《公告》的发布是人民银行对历年来在银行间债券市场不断推行并全面实施DVP政策的明朗化，将有利于提高市场结算效率，防范风险，推动市场健康规范发展。《公告》要求债券登记托管结算机构通过自身债券业务系统和中国人民银行大额支付系统（以下简称支付系统）之间的连接，为市场参与者提供DVP服务；对已在支付系统开立清算账户的市场参与者和未在支付系统开立清算账户的市场参与者分别办理DVP业务流程作出了详细规定；提出了债券登记托管结算机构在管理债券结算资金专户时应当遵守的六点原则，包括“一户一账”、专属支配、不得挪用、不得垫资、“零余额”管理、建立查询机制；要求债券登记托管结算机构提供DVP服务前签订DVP服务或代理协议，加强日常业务的监测和报告，建立健全应急处理机制；同时还要求中国银行间市场交易商协会加强市场参与者在DVP结算过程中的自律管理，并指定人民银行营业管理部负责对债券结算资金专户进行日常监控等。此外，为保证平稳过渡，《公告》还为实施券款对付结算方式设定了3个月的过渡期。

《公告》发布后，为做好DVP结算服务支持，保障全市场结算安全，全国银行间同业拆借中心和债券登记托管结算机构均积极开展了相关工作。据统计，2013年全年新增DVP结算成员2 311家，为2012年的2倍。截至2013年末，共有4 963家银行间结算成员签署了DVP业务的相关协议，可以采用DVP方式办理债券交易结算。

五、债券市场发展展望

2013年是中国债券市场在动荡中重拾信心、探索发展的一年，不论是年初开始的市场清理整顿和规范，还是年中出现的银行间市场流动性紧张，抑或是下半年债券整体发行利率上升，价格中枢下降的局面，都既构成了对债券市场发展的考验，又引导了市场进一步健康发展的方向。党的十八届三中全会确立了全面深化改革的总目标，并在《中共中央关于全面深化改革若干重大问题的决定》（以下简称《决定》）中对改革思路进行了详细表述，突出了市场在资源配置中的决定性作用，明确提出要“健全多层次资本市场体系，发展并规范债券市场，提高直接融资比重”，这对于债券市场的信心重建具有重要的意义，也对中国债券市场未来的持续、健康、规范发展带来了新的机遇。2014年，债券市场将进一步发挥优化配置金融资源的作用，盘活存量，优化增量，发挥金融对经济结构调整和产业转型升级的支持作用。随着债券市场的发展与规范，我国债券市场将在制度完善、产品创新、投资者丰富、信息透明、效率提升等方面取得更大进展，债券市场对外开放程度和监管协调水平进一步提高。

（一）债券市场规模有望进一步扩大

当前，我国经济处在结构调整和产业转型升级的关键时期，稳增长、调结构、促改革、防风险是当前和今后经济金融工作的大局，贯彻落实中央关于“坚持金融服务实体经济”重要精神是重点。《决定》提出“发展并规范债券市场，提高直接融资比重”，“鼓励金融创新，丰富金融市场层次和产品”，为债券市场通过产品创新来实现规模扩容提供了思路和指导，债券市场在我国经济结构调整和转型升级当中的地位会更加突出。

2014年，在党中央“坚持稳中求进”工作总基调的指引下，我国经济发展的内生动力将进一步增强，宏观经济将总体运行平稳。随着利率市场化改革加快推进和新型城镇化建设明显提速，债券市场需要在金融资源配置中发挥更为积极的作用。2014年，我国债券市场将以市场需求为导向规范发展，进一步丰富债券市场的产品结构，助力国家新型城镇化规划的实施，落实国家产业政策推动产业结构调整和升级，扩大信贷资产证券化试点盘活存量信贷，支持保障房建设等民生领域多元化渠道筹资，加大债券市场对中小微型企业的支持作用，市场规模将稳步提升，促进经济持续健康发展。

（二）债券市场收益率曲线和定价功能将进一步健全

国债收益率曲线是一国市场化金融体系运行的基础性条件，承担着其他各类金融资产定价基准的作用，也是反映经济金融现状和预期的重要指标。《决定》第十二条提出，要“健全反映市场供求关系的国债收益率曲线”，凸显了国债收益率曲线在金融资源配置中的重要性，也是中央对发展包括债券市场在内的多层次资本市场体系高度重视的体现。国债收益率曲线的完善和健全不仅要进一步提高编制曲线的技术水平，更重要的是完善债券市场体制机制，使得债券市场的定价基准作用充分发挥。

未来，健全反映市场供求关系的国债收益率曲线将和债券市场的改革创新相结合，逐步理顺市场定价机制。债券市场环境将进一步优化，国债发行不断完善，国债期限结构布局更加合理，投资者类型不断丰富，债券做市机制更加健全，包括国债在内的各个子市场流动性提升，跨市场交易机制更加顺畅，交易定价效率明显提高；国债收益率曲线编制水平进一步提高，曲线与市场拟合度更加准确，曲线编制质量也将更为可靠；国债收益率曲线在金融资产定价中的应用将更加广泛，国债收益率曲线对于各类资产风险识别和计量的参考价值进一步上升。

（三）债券市场做市活跃度和流动性将进一步提高

2013年债券市场的交易活跃程度明显下降。全年累计换手率约为147%，与去年相比下降了158%，远低于美国等发达国家债券市场的水平。为了使市场在资源配置中起决定性作用，需要进一步完善债券做市支持机制，活跃债券市场交易，提高债券市场的流动性水平，促进市场价格发现机制作用的发挥。国债市场流动性的提高将有助于推动整个债券市场定价机制的完善，通过国债发行制度的不断健全，国债续发行制度、随卖制度等创新逐步推出，国债承销商的遴选标准与做市能力挂钩，国债做市商的做市积极性和交易活跃程度将得到进一步提升，由此提高市场定价的有效性，提升债券市场的流动性。

（四）债券市场投资者类型将进一步丰富

多元化的合格投资者是债券市场得以深化和发展的重要基石。经过2013年债券市场的监管规范和休眠户清退，债券市场的投资者数量削减明显，银行间债券市场的投资者开户数减少了近三分之一。目前数量最多的投资者群体是基金类机构。投资者的减少会对债券市场的交易活跃程度和流动性水平造成一定影响。因此，在完善债券市场的准入机制后投资主体数量和类型的丰富将成为债券市场改革发展的必然。未来，债券市场投资者基础建设仍将依托场外市场，坚持市场化的发展方向，面向合格机构投资者分层有序、逐步放开，同时在放宽准入后加强风险监测及管理。严格市场约束，逐渐消除政府的信用背书或隐性担保，健全投资者保护制度，努力使更加多元化的投资者成为债券市场流动性提升和创新活跃的基石。

（五）债券市场对外开放将继续深化

我国债券市场的对外开放一直在有序推进，自从2005年引入泛亚债券基金进入银行间债券市场以来，截至2013年底，银行间债券市场的境外机构投资者数目已经达到111家，类型包括境外央行、国际金融机构、主权财富基金、港澳人民币清算行、境外参加行、境外保险机构和RQFII。同时，境内机构赴香港发行人民币债券也取得进展。《决定》提出“推动资本市场双向开放，有序提高跨境资本和金融交易可兑换程度，建立健全宏观审慎管理框架下的外债和资本流动管理体系”，未来我国债券市场有望迎来新一轮境外机构投资者的扩容，市场监管标准逐步与国际接轨，对外开放程度明显提高。

未来债券市场的双向开放将与人民币国际化战略安排相协调，稳步推进。境内债券市场对外开放方面，QFII和RQFII的审批速度有望进一步加快，投资额度逐步提高，境外机构在境内的投资渠道进一步拓宽，境外机构投资者持有我国债券的比例有望不断提高，并且随着资本项目开放程度的提升，境外机构投资者在债券市场的参与力度会加大，我国债券市场的需求环境将得到改善。离岸人民币市场建设方面，赴香港发行人民币债券的境内机构范围将不断扩大，赴境外发债的金融机构和非金融企业数量不断增加，债券规模稳步提升，市场空间进一步扩大。

（六）债券市场制度建设和监管协调将进一步加强

建立安全、高效、开放的债券市场，必须扎实推进债券市场制度及基础设施建设。经过多年的努力，我国债券市场的制度及基础设施建设取得了显著的成绩，保障了市场运行平稳、透明和高效。不过随着债券市场的快速发展，更多类型的市场主体参与到债券市场，对债券市场的管理制度及基础设施的要求也在不断提高。特别是2008年金融危机爆发后，我国汲取国际金融危机和Libor操纵案的教训，大力加强市场制度和基础设施建设。《决定》也提出，要“落实金融监管改革措施和稳健标准，完善监管协调机制。加强金融基础设施建设，保障金融市场安全高效运行和整体稳定”。2013年，人民银行、自律组织、中介服务机构从发行、交易、托管、结算以及投资者、中介机构、信息披露等多个环节全面梳理银行间债券市场的各项制度，大量、全面、系统的市场制度创新和规范建设得到应用和落实。2013年由人民银行牵头的金融监管协调部际联席会议制度建立，未来在金融监管改革中还将进一步发挥其功能，不断提升监管协调工作规范化和制度化水平。此外，在债券市场监管中，还将注重发挥2012年建立的公司信用类债券部际协调机制的作用，加强债券管理部门的协调配合，提高信息披露标准，落实监管责任。未来，债券市场将紧跟国际组织监管改革的新趋势，在宏观审慎管理框架下进一步推进市场管理制度建设，提高市场运行效率，防范系统性风险。

第四章　股票市场

2013年，中国股票市场融资规模有所减少，中小企业融资占比显著下降。各板块走势分化明显，上证综指、深证成指震荡下行，创业板指数大幅上扬。机构投资者队伍进一步扩大，股票交易明显活跃，融资融券业务大幅增长。市场体系建设取得新进展，基础制度改革深化，市场创新稳步推进，对外开放有序拓展，股票市场的制度和基础设施建设得到进一步加强。

一、股票市场运行情况

（一）股票发行与融资

1. 股票融资规模有所减少

2013年，中国股票市场融资规模有所减少。全年共发生291例股票融资，募集资金2 802.76亿元，同比减少10.4%。

2. 增发成为主要融资方式

从融资类型来看，由于首次公开发行暂停，增发、配股等再融资方式成为唯一途径，增发融资出现了大幅增长。全年共完成276例增发融资，与2012年相比增长74.7%。通过公开增发和定向增发（现金）方式募集资金2 327.01亿元，占融资总额的83%，同比增长18%。

3. 上半年融资金额较多

从月度分布来看，2013年上半年股票融资金额较多。其中，融资金额最大值出现在1月，为480.91亿元；融资事件数最大值出现在12月，为48例。

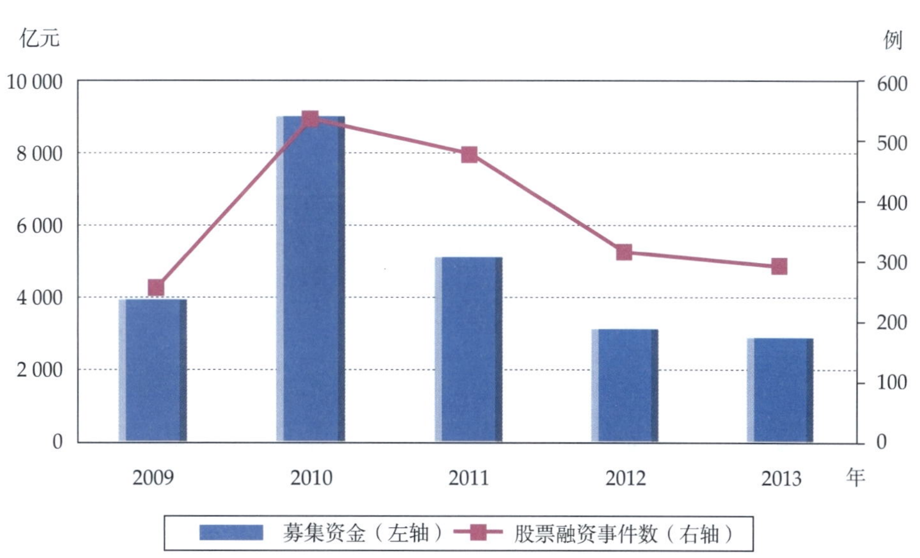

数据来源：中国证监会，Wind资讯。

图4–1　近年来股票市场交易情况

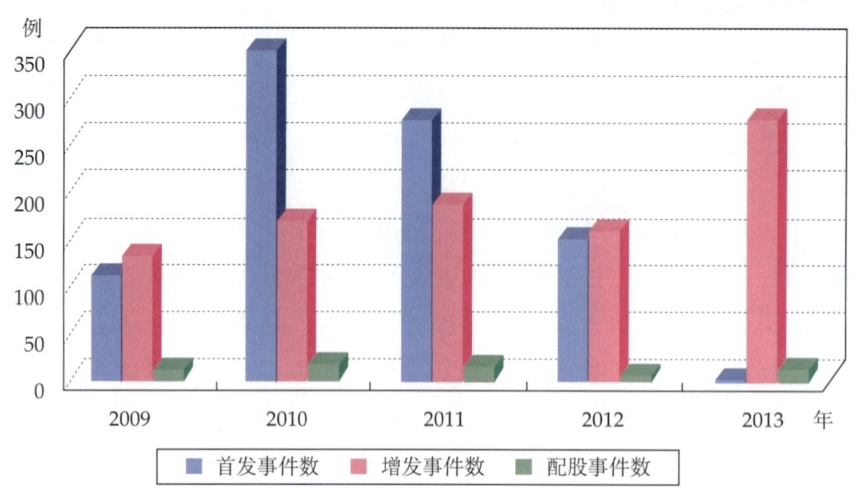

数据来源：Wind资讯。

图4-2 近年来股票市场融资类型

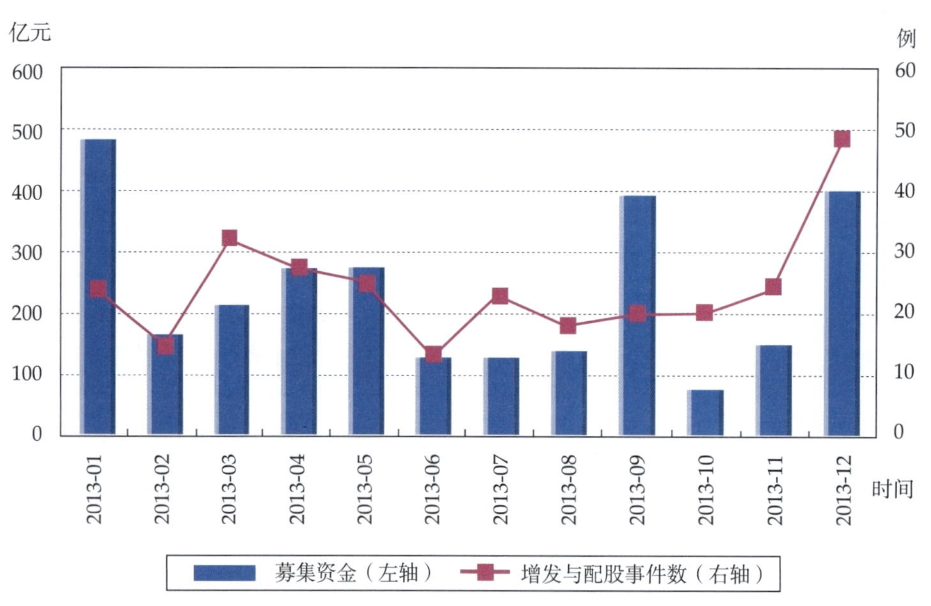

数据来源：中国证监会、Wind资讯。

图4-3 2013年股票市场月度融资情况

（二）股票指数与交易

1. 股票市值小幅增加，银行业规模保持最大

截至2013年12月底，沪深股票市场共有上市公司2 489家，上市股票2 574只，其中A股2 468只、B股106只。两市股票总市值为23.91万亿元，较2012年末小幅增加0.87万亿元；股票流通市值为19.96万亿元，较2012年末增加1.74万亿元。市场总股本为4.06万亿股，其中流通股本3.67万亿股，股本流通比率从2012年底的81.6%进一步提高到2013年底的90.6%。

分行业看，银行业仍是中国股票市场规模最大的行业，截至2013年12月底，市值占

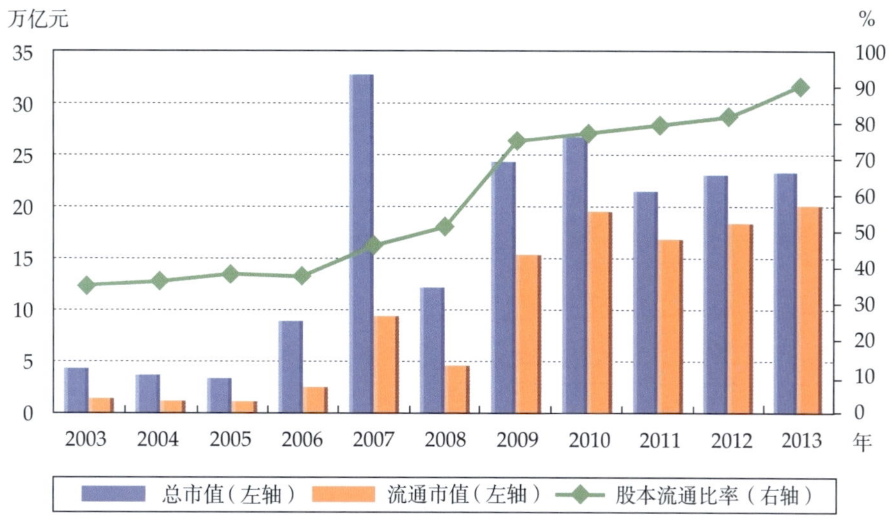

数据来源：中国证监会。

图4-4　2003～2013年股票市值增长情况

总市值的20.61%。其他主要行业包括采掘业（8.58%）、非银行金融业（6.81%）、化工业（5.94%）、医药生物业（5.76%）、机械设备业（4.26%）、公用事业（3.67%）、房地产业（3.65%）、汽车制造业（3.58%）和交通运输业（3.50%）。

2. 上证综指、深证成指震荡下行，创业板指数大幅上扬

2013年，中国股票市场整体呈震荡下行走势。2月，上证综指、深证成指分别达到最高2 434.48点和10 057.97点，之后一路下跌，至12月底分别跌至2 115.98点和8 121.79点，

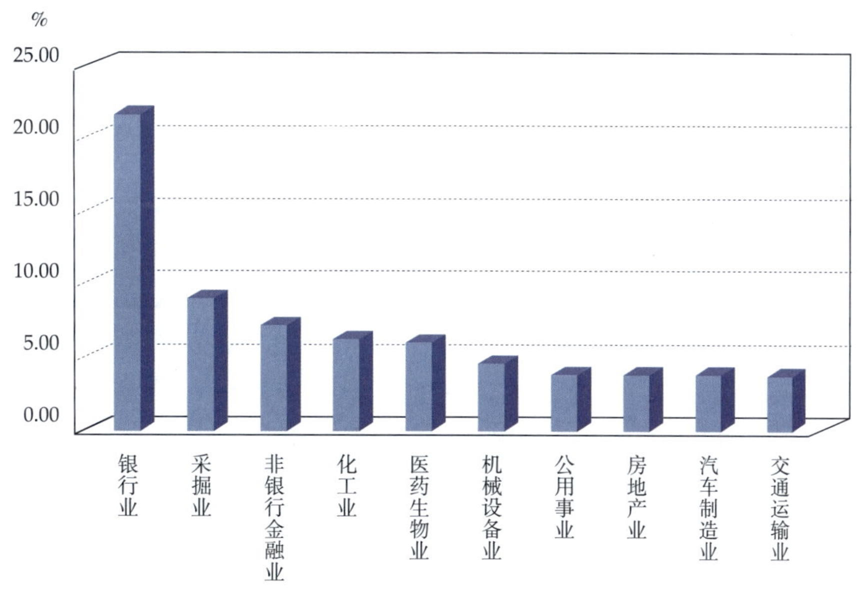

注：图中的行业分类为申万行业分类标准中的一级行业分类。
数据来源：Wind资讯。

图4-5　前十大行业市值占总市值的比例

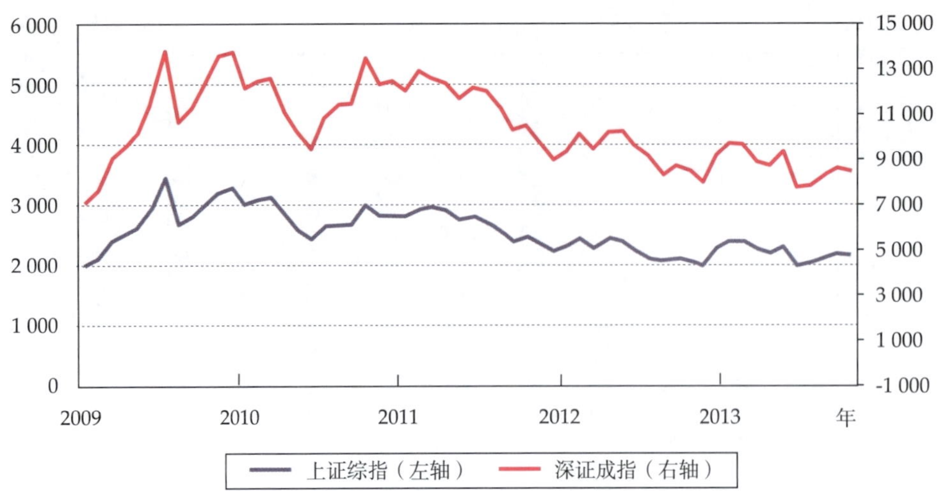

数据来源：Wind资讯。

图4–6 近年来上证综指与深证成指走势

数据来源：Wind资讯。

图4–7 近年来创业板指数走势

较最高点跌幅达到13.1%和19.3%，与2012年12月底相比，上证综指、深证成指分别下跌6.8%和10.9%。

与上证综指、深证成指震荡下行的态势不同，创业板指数自2012年以来不断创出新高。2013年10月10日，创业板指数达到历史最高的1 423.97点，较2012年12月底上升近100%，年末收于1 304.44点，较同期上升82.7%，反映出投资者对于具备高新技术的中小企业关注程度持续提高。

3. 股票交易明显活跃，换手率显著上升

2013年，股票市场交易扭转了过去两年低迷的态势，成交金额显著增加。全年股票累计成交金额46.88万亿元，同比增长49%。交易换手率明显上升，日均市值换手率达到2.23%，同比增长36.4%。其中创业板增幅最大，累计成交5.1万亿元，同比增长119.6%。

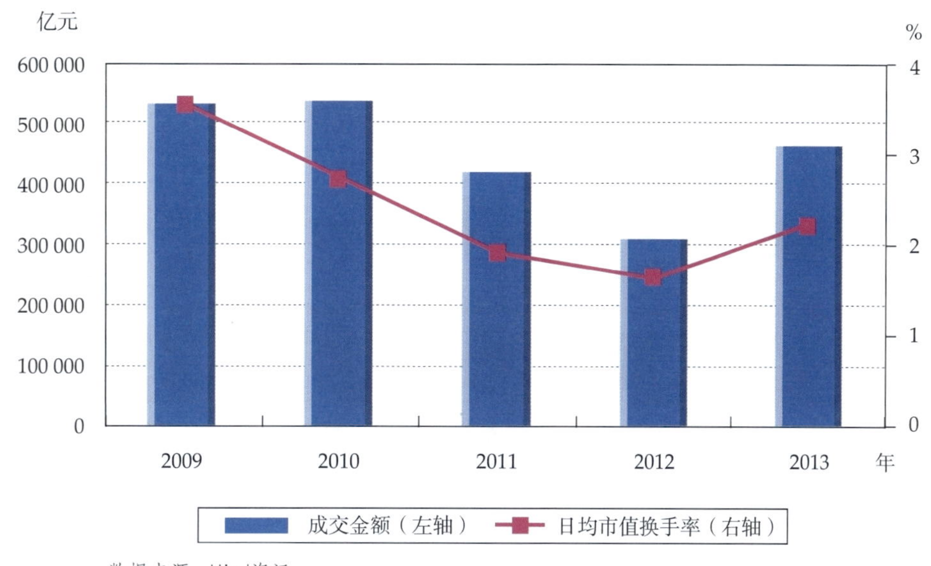

数据来源：Wind资讯。

图4-8　近年来股票市场交易情况

二、股票市场运行特点

（一）中小企业融资占比显著降低，创业板降幅最大

2013年，中小企业的融资规模以及占整个市场融资规模的比例与2012年相比明显下降。2013年，中小板市场通过股票融资募集资金536.63亿元，与2012年相比减少234.30亿元，降幅为30.4%，所占比例由15.6%降低到12.5%。创业板市场降幅更大。创业板市场2013年通过股票融资募集资金78.72亿元，较2012年大幅减少291.69亿元，降幅达78.8%，所占比例由7.5%下降到不足2%。

（二）金融服务业交易占比居首，有色金属业活跃度大幅下降

从成交情况来看，金融服务业取代机械设备业，成为交易最为活跃的行业，成交额占总成交额的比例由2012年的9.5%提高到2013年的11.81%。机械设备业成交额占总成交额的比例由2012年的9.93%略微下降到2013年的9.24%，退居第二。信息服务业、医药生物业、化工业、交通运输设备业、房地产业、电子业、建筑建材业等行业交易也比较活跃。与此同时，在2012年占据整个市场总成交额8.35%的有色金属业，在2013年的占比仅有4.4%，由第三位大幅降至第十位。

（三）机构投资者队伍持续扩大，融资融券余额大幅增加

2013年，股票市场机构投资者队伍进一步扩大。截至12月底，沪深两市的A、B股账户总数达到1.75亿户，较2012年底增长2.7%。其中，A股账户数为1.73亿户，包括1.72亿自然人账户、9.34万券商账户、0.69万基金账户、2.19万其他机构（含社保基金、企业年金、QFII、RQFII、保险、信托）账户以及53.31万一般机构账户。与2012年底相比，除券商之外，基金、企业年金、QFII、RQFII、保险、信托等机构投资者账户数量都

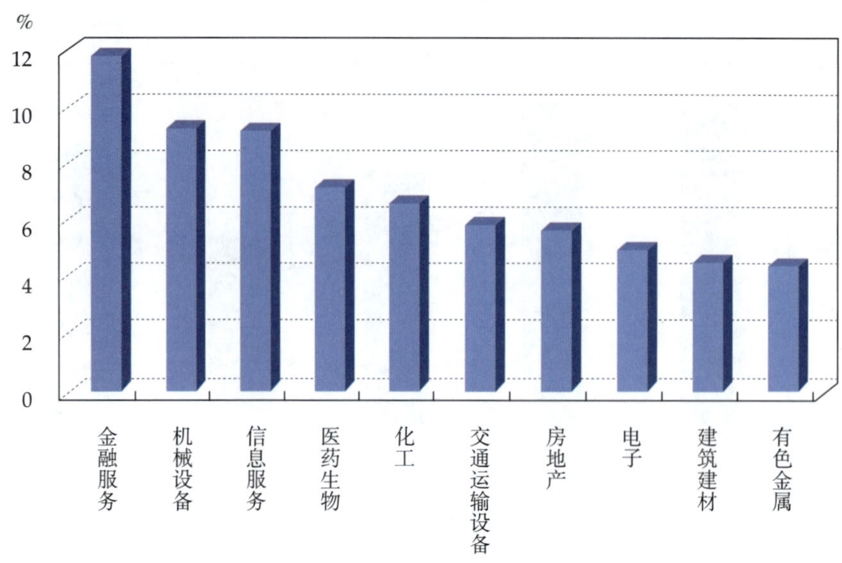

注：表中的行业分类为申万行业分类标准中的一级行业分类。
数据来源：Wind资讯。

图4-9 2013年成交额占总成交额的比重前十大行业

表4-1 各类投资者A股账户数量

单位：户，%

	2013年12月	2012年12月	变化率
自然人	171 978 413	167 485 115	2.68
券商	93 425	97 141	-3.83
基金	6 948	4 333	60.35
其他机构	21 860	19 007	15.01
其中：社保基金	230	196	17.35
企业年金	5 598	5 055	10.74
QFII	612	355	72.39
RQFII	156	50	212
保险	1 564	1 278	22.38
信托	13 700	12 073	13.48
一般机构	533 107	508 632	4.81
合计	172 633 753	168 114 228	2.69

数据来源：Wind资讯。

有所增加。

2013年，随着转融通业务的推开和转融券业务的试点，融资融券业务持续大幅增长，推动股票市场交易结构进一步优化。沪、深股市融资融券余额增长迅速，截至12月底达到3 465亿元，较2012年底的895亿元提高了2.9倍。

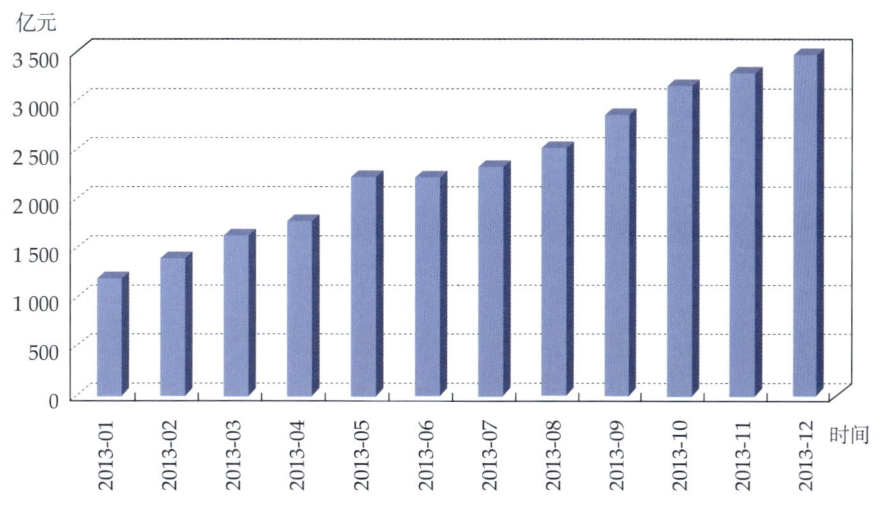

数据来源：Wind资讯。

图4-10 2013年月度融资债券余额

三、股票市场制度和基础设施建设

（一）市场体系建设取得新进展

1. 股份转让系统试点范围全国化

全国中小企业股份转让系统于2013年初正式挂牌，标志着非上市公司股份转让的小范围、区域性试点开始渐次走向面向全国的正式运行。6月20日，国务院常务会议决定将全国中小企业股份转让系统试点扩大至全国。《全国中小企业股份转让系统业务规则（试行）》、《全国中小企业股份转让系统投资者适当性管理细则（试行）》、《全国中小企业股份转让系统挂牌公司信息披露细则（试行）》、《全国中小企业股份转让系统主办券商管理细则（试行）》等配套规则陆续发布。根据《全国中小企业股份转让系统业务规则（试行）》及相关细则，该市场投资者门槛大幅放宽。12月14日，国务院发布《关于全国中小企业股份转让系统有关问题的决定》，对全国中小企业股份转让系统的功能定位、转板制度建立、行政许可制度简化、投资者适当性管理及监管协作等方面作了规定。全国中小企业股份转让系统的推出，有利于进一步发挥资本市场支持经济转型升级的重要作用，标志着多层次资本市场建设取得新进展。

2. 区域性股权市场快速发展

自2012年初提出大力发展区域股权市场以来，中国区域性股权市场整体呈现快速发展的态势。据不完全统计，截至2013年底，中国正式开业的区域股权市场达到19家，累计挂牌企业数量约为5 868家，约为中国主板市场上市公司数量总和的2.35倍。其中，天津股权交易所成立时间最早，为2008年9月，深圳前海股权交易中心挂牌企业数量最多，已达到2 706家。此外，还有甘肃、福建、陕西等区域性股权交易市场正在筹备当中。

在发展模式和发展路径的选择上，中国区域股权市场呈现四大基本模式：一是以浙江股权交易中心为代表的“行政主导”模式；二是以深圳前海股权交易中心为代表的“券商主导、公司化运作”模式；三是以天津股权交易所为代表的“自主运营、面向全国”模式；四是以厦门两岸股权交易中心为

表4-2 中国区域性股权市场发展情况

名称	成立时间	挂牌量（家）
天津股权交易所	2008年9月	412
石家庄股权交易中心	2010年8月	30
齐鲁股权托管交易中心	2010年12月	252
武汉股权交易托管中心	2011年9月	160
海峡股权交易中心	2011年10月	302
上海股权托管交易中心	2012年2月	159
深圳前海股权交易中心	2012年5月	2 706
广州股权交易中心	2012年8月	556
浙江股权交易中心	2012年9月	634
新疆股权交易中心	2012年10月	270
重庆股权交易中心	2012年10月	105
辽宁股权交易中心	2013年1月	57
大连股权交易中心	2013年2月	33
吉林股权交易所	2013年6月	4
江苏股权交易中心	2013年7月	22
青海股权交易中心	2013年7月	90
安徽股权托管交易中心	2013年10月	22
北京股权交易中心	2013年12月	50
厦门两岸股权交易中心	2013年12月	4

资料来源：申万研究。

代表的“委托经营”模式。

3. 机构间市场初具雏形

由中国证券业协会牵头、中证资本市场发展监测中心负责运营管理的“机构间私募产品报价与服务系统”于2013年9月上线。这一机构间市场将加快实现券商柜台市场的互联互通。一方面，证券公司可以将自身与其他机构合作的产品放在该平台上进行交易，弥补目前银证合作、证信合作产品流动性不足的缺陷；另一方面，银行、信托、保险等机构也可以将自身产品放在证券公司柜台市场进行交易，提高产品的流动性，满足投资者选择的多样性和交易的灵活性。机构间市场的构建，将推动证券公司柜台交易的试点范围逐步扩大，支持根据服务实体经济和客户财富管理需求，积极稳妥地在柜台市场创设和交易新产品，提供差异化服务。

（二）基础制度市场化改革深化

1. 新股发行体制启动第四轮改革

2013年11月30日，中国证监会发布《关于进一步推进新股发行体制改革的意见》，启动第四轮新股发行体制改革。12月13日，中国证监会修订并发布《证券发行与承销管理办法》，落实新股发行体制改革要求。随后，沪、深证券交易所落实新股发行改革相关工作，陆续发布了新股网上网下发行规则、新股上市首日开盘价格形成机制和上市初期交易机制等。本轮新股发行体制改革，进一步突出了以信息披露为中心的监管理念，加大信息公开力度和审核力度，切实保护中小投资者的知情权、参与权、监督权和求偿权，进一步按照市场化原则理顺新股发行、定价、配售等环节，强化市场约束，促进市场参与各方归为尽责，有利于资本市场的持续健康发展。

2. 转融券业务试点推出

经过两年多的实践，融资融券已成为股票交易策略中的重要工具。尤其是2012年8月转融通启动以来，融资融券业务取得了长足发展。2013年2月底，转融券试点正式启动，A股市场格局和投资策略再次发生深刻变化。转融券推出有利于完善市场定价机制，对资本市场长期稳定发展有着积极推进作用。其一，有利于改变中国股票市场单边市的格局，对缓解股市剧烈波动、推动市场平稳发展有着积极作用；其二，有利于改变股价与基本面相脱离的困境，促进股票合理定价，完善资本市场价格发现功能；其三，有利于维护蓝筹市场地位，进一步强化资本市场的稳定性；其四，有利于改善上市公司造假问题，提升资本市场信息披露和信息管理的质量；其五，有利于降低投资者的投资风险，多样化投资者的持股收益，从风险管理和收益管理两维度培育长期投资者。

3. 并购重组分道制正式实施

2013年9月13日，中国证监会宣布上市公司并购重组审核分道制方案，按照“先分后合、一票否决、差别审核”的原则，由证券交易所、证监局、中国证券业协会及财务顾问分别对上市公司合规情况、中介机构职业能力、产业政策及交易类型三项进行评价，按照评价汇总结果将并购重组申请划入豁免/快速、正常、审慎三条审核通道。其中，符合条件的企业申请将进入豁免/快速通道，不涉及发行股份的项目将豁免审核，由中国证监会直接核准。进入正常通道的项目将按照现有流程审核。还有部分项目将被纳入审慎通道，综合考虑诚信状况等因素，必要时加大核查力度。沪、深证券交易所随后根据上市公司信息披露考核评价办法，结合证监局日常监管意见，完成了上市公司信息披露和规范运作水平的评价。中国证券业协会公布了财务顾问执行质量评价方案。上述两项评价结果均为A类，且重组项目属于国务院及工信部确立的“汽车、钢铁、水泥、船舶、电解铝、稀土、电子信息、医药、农业产业化龙头企业”等九大推进兼并重组重点行业，交易类型属于同行业或上下游并购、不构成借壳上市的，将进入豁免/快速审核通道。10月8日起，并购重组分道制审核正式实施。

4. 交易机制进一步完善

2013年7月，深圳证券交易所发布《深圳证券交易所交易规则（2013年修订）》，对大宗交易制度进行了优化完善。一方面，适度降低了大宗交易门槛，将A股、B股、基金大宗交易的最低交易股数和金额降低至原标准的60%左右。另一方面，丰富大宗交易价格形成机制，新增两种盘后定价方式，一是以证券当日收盘价为定价价格，二是以证券当日成交量加权平均价为定价价格。随着延长大宗交易业务时间、降低交易门槛、放宽涨跌幅范围等政策的不断落实，大宗交易量进一步活跃。大宗交易系统将成为解除限售存量股份的重要转让渠道，也将解决机构投资者大额交易所遇到的成本高、流动性差等问题，提高股票市场对机构投资者的吸引力，满足机构投资者多样化的交易需求。

（三）市场创新持续推进

1. 机构创新规范发展

2013年，在放松管制、加强监管的基调下，机构创新得到规范发展。一方面，中国证监会、中国保监会等监管部门进一步放松管制，证券公司集合资产管理产品从审批制改为备案制，保险资金可投资标的扩容，基金可设立子公司开展专项资产管理业务；另一方面，要求各有关机构坚守不发生系统性、区域性金融风险的底线，注重资产管理等创新业务中的风险。2013年7月，中国证券业协会发布《关于规范证券公司与银行合作开展定向资产管理业务有关事项的通知》，明确了证券公司开展银证合作定向业务的禁止性行为，有关业务发展得到进一步规范。

2. 产品创新进一步拓展

2013年，股票市场产品线进一步丰富。6月24日，中信证券、海通证券、国泰君安等9家证券公司正式推出股票质押回购业务。11月30日，国务院发布《关于开展优先股试点的指导意见》，决定开展优先股试点。12月13日，中国证监会就《优先股试点管理办法（征求意见稿）》公开征求意见。优先股的推出，有利于拓展企业补充资本的渠道，加快发展直接融资，推动企业兼并重组，同时为投资者提供多元化投资渠道，促进资本市场稳定发展。

（四）市场对外开放有序拓展

1. 自贸区试点扩大资本市场对外开放

2013年8月国务院正式批准设立中国(上海)自由贸易试验区，9月29日上海自贸区正式挂牌，成为中国新一轮以开放促改革的试验田。挂牌当日，中国证监会宣布，将深化资本市场改革，扩大对外开放，加大对自贸区建设的金融支持力度，具体举措包括支持自贸区内符合一定条件的单位和个人按照规定双向投资于境内外证券期货市场、支持证券期货经营机构在区内注册成立专业子公司、支持区内证券期货经营机构开展面向境内客户的大宗商品和金融衍生品的柜台交易等。

2. 境外、对外投资主体数量与额度增加

自2003年以来，中国相继推出QFII、QDII和RQFII政策，截至2013年底，中国共批准251家QFII机构，较2012年底增长19.92%，累计审批额度约495.1亿美元，较2012年底增长10.44%；共批准56家RQFII机构，较2012年底增长50%，累计投资额度约1 575亿元，较2012年底增长15.62%。与此同时，截至2013年底，中国共有116家机构获得QDII资格，较2012年底增长6.90%，累计投资额度约842.32亿美元，较2012年底增长5.56%。在证券业机构对外开放上，证券业“创新11条”允许外资参股证券公司的比例增加至49%；同时，外资参股期货公司的比例也有望放宽。

四、股票市场发展展望

2014年，健全多层次资本市场体系将得到持续推进。一方面，优化各层次股票市场制度安排，壮大主板市场，继续发展中小企业板，改革创业板，加快完善全国中小企业股份转让系统，规范发展区域性股权市场，探索发展证券公司的柜台交易市场，形成符合经济发展实际需要的多层次资本市场格局。另一方面，着力健全有利于市场功能发挥和稳定运行的体制机制，积极推进股票发行体制改革，促进市场主体归位尽责，健全市场优胜劣汰机制和中小投资者合法权益保护机制，完善市场交易运行机制和风险防范处置机制。

机构投资者队伍有望进一步发展壮大。一方面，新《基金法》放宽了公募基金的参与门槛，统一了基金监管，有利于促进中国资产管理行业的发展，壮大基金公司、证券公司以及保险公司等机构的资产管理规模。另一方面，财政部、人力资源和社会保障部及国家税务总局联合下发《关于企业年金、职业年金个人所得税有关问题的通知》，明确企业年金、职业年金个人所得税递延纳税优惠政策，对于加快补充养老保险发展，扩大养老金投资资本市场规模具有重要意义。

市场创新和对外开放将进一步拓展。一方面，有序提升境内外机构和个人跨境投融资的便利化水平，积极开发跨境、跨市场金融产品，探索多样化挂牌方式和交易机制，逐步放宽证券期货业外资准入限制，鼓励境内外证券期货经营机构差异化“走出去”。另一方面，借助上海自贸区建设，加大资本市场的双向开放力度，支持自贸区内符合条件的单位和个人按照规定跨境双向投资，为区内金融机构和企业提供国际化的金融交易平台和风险管理工具，提高资本市场对内对外配置资源的效率。

第五章　外汇市场

2013年，我国银行间外汇市场成交量较2012年大幅增加。人民币对美元中间价继续升值，且升值幅度有所扩大，对非美元货币也普遍升值。人民币与各交易货币之间的中间价波动幅度均有不同程度的扩大，交易价格与中间价之间的偏离幅度同比缩小，对非美货币市场份额继续提升。在市场管理措施上，外汇局调整金融机构外汇综合头寸管理；银行间外汇市场发布本外币货币掉期曲线，进一步完善银行间外汇市场的基准体系；发展人民币对澳元直接交易，实行澳元直接交易做市商制度；银行间外汇市场试运行交易确认业务，外汇市场进一步完善。展望未来，我国外汇市场的发展仍将继续围绕稳步推进汇率市场化改革、加快外汇市场对外开放、进一步完善外汇市场基础设施等方面来展开。

一、外汇市场运行的基本情况

（一）人民币汇率整体呈现升值态势

2013年上半年，人民币汇率大幅升值。6月末，人民币对美元汇率中间价为6.1787元，比上年末升值1 068个基点，升值幅度为1.7%。国际清算银行数据显示，6月末人民币实际有效汇率指数为116.13，较上年末升值5.6%。第三季度人民币汇率波动放缓，多数时期人民币对美元汇率中间价在6.17元上下百点范围内震荡，9月中下旬快速走升，季度累计升值0.5%，较第二季度1.5%的升幅放缓。第四季度人民币汇率进一步升值0.8%。12月末，人民币对美元汇率中间价为6.0969元，比

数据来源：中国外汇交易中心。

图5-1　2013年人民币对美元汇率中间价走势

上年末升值1 886个基点，升值幅度为3.1%。自2005年7月人民币汇率形成机制改革以来至2013年末，人民币对美元汇率中间价累计升值35.7%。

（二）人民币对非美元货币汇率中间价普遍升值

2013年，银行间外汇市场人民币对非美元货币汇率中间价普遍升值，部分货币升幅较大。2013年初，港元对人民币汇率中间价为1港元兑0.8115元人民币，年末报收在1港元兑0.7862元人民币。人民币对港元汇率比上年末升值3.1%。全年港元对人民币汇率中间价波幅为252个基点，比上年扩大93个基点。自2005年7月人民币汇率形成机制改革以来至2013年末，人民币对港元汇率累计升值35.3%。

2013年初，日元对人民币汇率中间价为

数据来源：中国外汇交易中心。

图5-2 2013年港元对人民币汇率中间价走势

数据来源：中国外汇交易中心。

图5-3 2013年日元对人民币汇率中间价走势

100日元兑7.1769元人民币，年末报收在100日元兑5.7771元人民币。人民币对日元汇率比上年年末升值26.4%。全年日元对人民币汇率中间价波幅为14 214个基点，比上年扩大4 002个基点。自2005年7月人民币汇率形成机制改革以来至2013年末，人民币对日元汇率累计升值26.6%。

2013年初，欧元对人民币汇率中间价为1欧元兑8.1983元人民币，年末报收在1欧元兑8.4189元人民币。人民币对欧元汇率比上年年末贬值1.2%。全年欧元对人民币汇率中间价波幅为7 021个基点，较上年减少1 305个基点。自2005年7月人民币汇率形成机制改革以来至2013年末，人民币对欧元汇率累计升值18.7%。

2013年初，英镑对人民币汇率中间价为1英镑兑10.1126元人民币，年末报收在1英镑兑10.0556元人民币。人民币对英镑汇率比上

数据来源：中国外汇交易中心。

图5-4　2013年欧元对人民币汇率中间价走势

数据来源：中国外汇交易中心。

图5-5　2013年英镑对人民币汇率中间价走势

年末升值1.0%。全年英镑对人民币汇率中间价波幅为9 765个基点，较上年扩大3 687个基点。

2013年初，澳元对人民币汇率中间价为1澳元兑6.5790元人民币，年末报收在1澳元兑5.4301元人民币。人民币对澳元汇率比上年末升值20.4%。全年澳元对人民币汇率中间价波幅为12 420个基点，较上年扩大5 364个基点。

2013年初，人民币对林吉特汇率中间价为1元人民币兑0.48566林吉特，年末报收在1元人民币兑0.54141林吉特。人民币对林吉特汇率比上年末升值10.8%。全年人民币对林吉特汇率中间价波幅为626个基点，较上年扩大317个基点。

2013年初，人民币对卢布汇率中间价为1元人民币兑4.8498卢布，年末报收在1元人民币兑5.3985卢布。人民币对卢布汇率比上年末

数据来源：中国外汇交易中心。

图5-6 2013年澳元对人民币汇率中间价走势

数据来源：中国外汇交易中心。

图5-7 2013年人民币对林吉特汇率中间价走势

数据来源：中国外汇交易中心。

图5-8　2013年人民币对卢布汇率中间价走势

数据来源：中国外汇交易中心。

图5-9　2013年加元对人民币汇率中间价走势

升值11.2%。全年人民币对卢布汇率中间价波幅为6 865个基点，比上年减少460个基点。

2013年初，加元对人民币汇率中间价为1加元兑6.3658元人民币，年末报收在1加元兑5.7259元人民币。人民币对加元汇率比上年末升值10.3%。全年加元对人民币汇率中间价波幅为6 768个基点，比上年扩大1 957个基点。

（三）即期市场成交保持较快增长

2013年我国对外经济较快增长，以美元计价的进出口贸易增长7.6%，实际使用外商直接投资增长5.3%。银行间外汇即期市场成交保持较快增长，增长速度快于我国主要对外经济活动增速。全年共成交4.1万亿美元，同比增长20.2%，增速较2012年提高26.3个百分点。其中，人民币对美元即期交易4.07万亿美元，同比增长21.4%。

二、外汇市场运行的特点

（一）国际市场汇率表现分化

2013年全球经济缓慢复苏，货币环境错综复杂，美联储退出量化宽松的预期不断高涨并最终启动；欧洲央行年内两次降息，市场信心有所恢复；日本政府推行宽松货币政策，部分新兴经济体经济增长放缓、自身经济结构性矛盾突出、资本流入发生逆转。在复杂环境的影响下，国际外汇市场表现分化，美元汇率年内最大升幅超过6%，欧元对美元汇率全年走升4.2%，日元大幅贬值17.6%。部分新兴经济体汇率一度大幅贬值，印度卢比、印度尼西亚盾等货币对美元汇率年内最大贬值超过20%，巴西雷亚尔和韩元、卢布对美元汇率最大贬值也分别超过16%和8%。我国经济上半年平稳增长，从第三季度起开始稳中向好发展，经济增长处在合理区间，人民币汇率总体走强。2013年人民币对美元汇率中间价创新高，全年升值3.1%。人民币对日元、澳元、俄罗斯卢布、加元等汇率中间价年度升值超过10%。

（二）盘中交易汇率波动幅度逐季减弱

2013年，人民币对美元交易汇率的盘中波动不大，年内日均53个基点，低于此前三年的波动水平。人民币对美元即期交易汇率全年都在中间价的升值单方向上运行，年度偏离中间价7.7‰，但交易汇率逐个季度向中间价回归，相对于中间价的偏离程度从第一季度的9.0‰减弱为第二季度的8.3‰、第三季度的6.9‰，第四季度为6.8‰。

（三）外汇市场交易的币种结构持续改善

非美货币交易持续较快增长，美元交易在银行间外汇即期市场中的占比进一步降至95.9%，较2012年下降1.4个百分点，连续四年下降。2013年，即期市场上非美货币共交易19 053.0亿元人民币，同比增长84.9%。其中，人民币对日元直接交易12 756.6亿元人民币，同比增长67.8%；人民币对澳元直接交易1 497.1亿元人民币，同比增长1 995.0%；人民币对欧元成交2 845.6亿元人民币，同比增长172.0%；人民币对加元、港元、马来西亚林吉特、俄罗斯卢布即期交易也都显著增长。

三、银行间外汇市场制度建设与产品创新

（一）外汇局调整金融机构外汇综合头寸管理

为防范外汇收支风险，国家外汇管理局于5月5日发布《国家外汇管理局关于加强外汇资金流入管理有关问题的通知》，加强外汇资金流入管理。将银行综合头寸与外汇贷款挂钩，属于以宏观审慎管理方法进行外汇市场管理，要求银行综合考虑外汇贷款在期限和币种上的匹配，达到平衡发展。市场对此迅速作出反应，外汇占款增量从前4个月月均3 774亿元显著下降至5月的669亿元。金融机构外汇贷款增量也从前4个月月均211亿美元降至5月的58亿美元，外汇贷款增速自5月起连续7个月度减慢。

（二）银行间外汇市场发布本外币货币掉期曲线

1月18日，根据《国家外汇管理局综合司关于构建货币掉期曲线和完善外汇期权隐含波动率曲线的批复》，为促进货币掉期市场流动性，提升市场价格发现功能，中国外汇交易中心通过中国货币网发布新增的货币掉期曲线。该货币掉期曲线是基于人民币外汇远掉做市商报价生成的曲线，包括“人民币固定利率对美元Libor 3M”和“人民币Shibor 3M对美元Libor 3M”两个品种，涵盖1年至5年等5个关键期限点。该曲线的发布有利于促进货币掉期市场流动性，提升市场价格发现功能。银行间外汇市场的基准体系也进一步完善。

（三）发展人民币对澳元直接交易

从4月10日起，银行间外汇市场发展人民币对澳元直接交易，改进人民币对澳元汇率中间价形成方式，实行澳元直接交易做市商制度，澳元交易快速增长。上半年人民币对澳元即期交易472.0亿元人民币，同比增长21.3倍，是非美货币中增速最快的币种。推出人民币对澳元直接交易之后发生的交易占上半年澳元交易量的90%以上。全年人民币对澳元即期成交1 497.1亿元人民币，同比增长1 995.0%。人民币对澳元直接交易推出后，市场普遍反映直接交易的推出有利于促进中国与澳大利亚之间的双边贸易和投资，满足了经济主体降低汇兑成本的需要。直接交易做市商报价积极，交投活跃。在银行间市场上，人民币对澳元即期询价交易买卖报价点差缩小，同时人民币对澳元的现汇买卖牌价价差收窄，企业和个人汇兑成本降低。

（四）银行间外汇市场试运行交易确认业务

从4月8日起，银行间外汇市场试运行交易确认业务。业务涵盖即期、掉期、远期等多品种询价交易，外汇市场会员可通过交易后处理服务平台以点击确认和上传确认两种方式进行实时交易确认。其中，外汇净额清算业务范围内的交易须通过该系统完成交易确认。对于当日达成的双边清算交易，交易双方应于下一交易日11:30前完成交易确认；对于当日达成的外汇净额清算业务范围的交易，交易双方应于当日18:30前完成交易确认。交易确认业务有效提高了交易效率和直通式处理水平，降低了机构操作风险。

四、外汇市场发展展望

2013年，党的十八届三中全会顺利召开，通过了《中共中央关于全面深化改革若干重大问题的决定》（以下简称《决定》），对全面深化改革开放作出了战略部署，提出“完善金融市场体系”的各项要求以及其他与金融改革发展相关的诸多内容，其中对外汇市场发展做出完善人民币汇率市场化形成机制、加快实现人民币资本项目可兑换等多项表述。

（一）稳步推进汇率市场化改革

根据《决定》的相关要求，我国将继续完善人民币汇率市场化形成机制，发挥市场供求在汇率形成中的基础性作用，提高国内国外两种资源的配置效率，促进国际收支平衡。为达到《决定》的要求，我国外汇市场将根据市场发育状况和经济金融形势，稳步推进汇率市场化改革，具体措施可能主要包括以下几个方面：有序扩大人民币汇率浮动区间，增强人民币汇率双向浮动弹性，保持人民币汇率在合理均衡水平上的基本稳定；进一步发挥市场汇率的作用，建立以市场供求为基础、有管理的浮动汇率制度；丰富外汇产品，拓展外汇市场的广度和深度，更好地满足企业和居民的需求；不断优化资金配置效率，进一步增强市场配置资源的决定性作用，加快推进经济发展方式转变和结构调整。

（二）加快外汇市场对外开放

根据市场发展需要，加快市场对外开放，支持和扩大外资金融机构参与银行间外汇市场交易。在港澳人民币清算行等的基础上，适时推进其他人民币清算行、参加行等境外机构进入银行间外汇市场，增强境内人民币汇率对境外的引导作用。在人民币对美元、日元、澳大利亚元直接交易的基础上，建立人民币对更多货币的双边直接汇率形成机制，推动人民币对新兴市场经济体和周边国家货币汇率在银行间外汇市场挂牌。

（三）进一步完善外汇市场基础设施

配合人民币跨境使用、资本项目可兑换进程等宏观战略发展，在引进消化吸收国内外先进系统和经验的基础上，研究推进外汇市场交易机制、市场结构和模式的创新，建设综合服务系统，提高市场效率，满足市场主体发展需要。继续完善交易电子确认等交易后业务与服务，扩大对产品和主体对象的涵盖范围，提高市场主体业务的直通式处理和防范风险能力。

专题三 境外人民币市场发展现状及相关分析

2013年，随着人民币跨境贸易结算和投资等业务的持续发展，全球金融市场大力推动离岸人民币业务发展。伦敦、新加坡两地设立了人民币清算行，获批人民币合格境外投资者（RQFII）额度。台湾正式启动离岸人民币业务，发展迅速。香港年内进一步优化了银行向金管局拆借人民币的安排，并推出人民币香港银行同业拆息定盘价，人民币业务政策安排渐趋成熟，保持稳步发展势头。鉴于香港市场仍是境外主要的人民币市场和数据来源限制，本专题主要对香港人民币业务发展情况进行分析。

一、境外人民币资金池继续增容，在岸离岸人民币利差扩大

香港的人民币资金池规模最大，已突破1万亿元，超过2012年底全球离岸人民币资金池总规模；根据台湾地区货币当局统计，2013年12月末台湾的人民币存款余额达1 826亿元，比2012年底大增6倍多；据新加坡金管局批露的最新数据，2013年7月底，新加坡人民币存款余额超过1 400亿元，比2012年底增长40%左右；伦敦金融城最新报告显示，2013年6月，伦敦人民币存款余额为145亿元，其中客户存款31亿元，银行同业存款114亿元，比2012年底约500

亿元的水平明显萎缩。

（一）香港人民币存款增速上升，跨境贷款更趋活跃

香港金管局数据显示，2013年末香港人民币存款余额为8 605亿元，比2012年末增长2 575亿元，大幅增长42.70%，增幅明显高于2012年2.46%的年度增速。2013年末香港人民币存款证余额为1 925亿元，香港人民币资金池规模已超过1万亿元大关。2013年1~5月，由于人民币即期汇价升值加速、中国外贸状况好转等原因，香港人民币存款恢复增长势头。6、7月，受半年考核、监管部门去杠杆化监管要求、外汇占款趋降等因素的影响，中国银行间市场流动性紧张，一些在香港设立分行的内地银行通过各种渠道将资金调回内地，香港人民存款余额有所下降。从8月起，因人民币即期汇价继续升值、中国经济企稳势头稳固及香港人民币外汇即期交易汇价强于境内使得内地企业在香港人民币存款大增，香港人民币存款恢复增长势头，连创新高。

同时，香港与境内的跨境贷款更趋频繁，香港金管局数据显示，截至2013年11月底，香港向境内的人民币贷款余额达1 097亿元人民币，较2012年底的790亿元人民币上升38.86%，香港与境内在实体经济方面的金融合作持续增强。跨境贷款的增加一定程度上与2013年境内信贷相对收紧和人民币借贷成本上升有关。

（二）香港人民币隔夜拆息波动缩小，离岸与在岸的人民币利差扩大

香港人民币存款的利率水平仍低于境内，10万元以下人民币1年期存款利率为0.59%，远低于境内。2013年上半年，由于人民币存款增速趋于放缓，香港银行业逐步加大了定存优惠力度，新存大额定期存

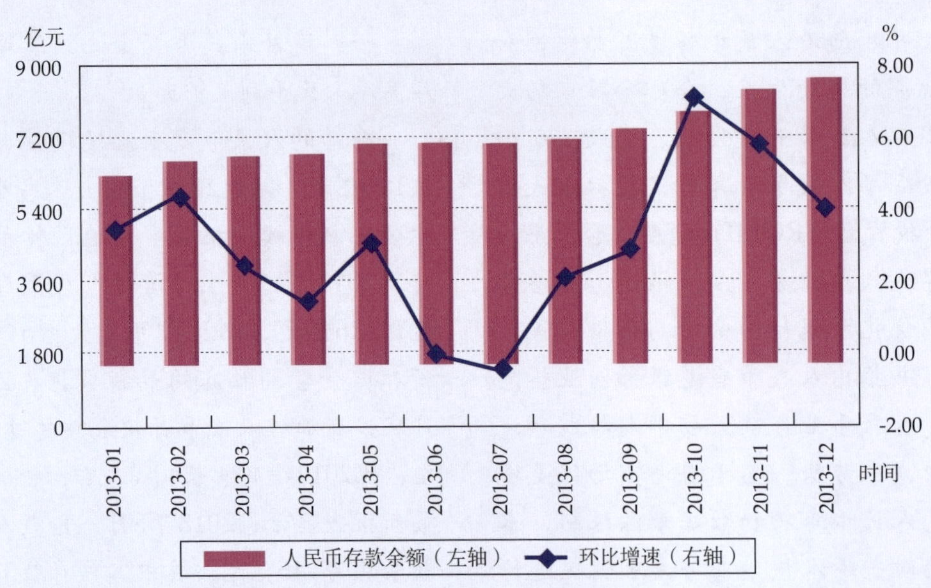

数据来源：香港金管局。

图5-10　2013年香港人民币存款余额变化情况

款利率水平有所走高，8月后香港人民币存款恢复增长势头，随着人民币资金池规模的不断扩大，香港银行业逐步降低了新存大额定存优惠力度，1年期新存大额定期存款利率总体水平略有下降至2.9%左右，略低于2012年底约3%的水平。

2013年6月，香港财资市场公会推出人民币香港银行同业拆息定盘价（HIBOR），之前价格我们以中银香港的隔夜拆息报价代替（见图5-11）。2013年，中国银行间市场隔夜拆借利率波动幅度较大，因香港金管局调整了银行向金管局拆借人民币的安排，香港市场的人民币利率受国庆长假等短期因素的影响减小，8月后随着香港人民币资金池规模的扩大，HIBOR隔夜拆息一直低位运行，HIBOR年内最高4.93%，年内最大波幅为432个基点，远小于2012年的735个基点的水平。

除个别交易日外，2013年HIBOR隔夜拆息水平要低于SHIBOR，两地日均利差为194个基点，比2012年的99个基点大幅扩大近一倍。6月以来，监管部门加强了银行部门的去杠杆化要求，中国银行间市场短期流动性一直偏紧，两地利差年中大幅走高，6月底快速回落，其后两地利差呈扩大趋势。两地利差变化显示，中国资本管制对在岸与离岸人民币市场具有一定的隔离效果。在岸人民币利率主要反映内地银行间市场资金面情况，香港离岸人民币利率主要反映香港离岸人民币供求。由于离岸人民币市场规模远小于在岸人民币市场规模，在岸人民币利率大幅走高时会影响离岸人民币利率走势。长期看，随着人民币资本项目逐步开放，离岸人民币市场与在岸人民币市场联系将趋于紧密，离岸人民币市场与在岸人民币市场的人民币利差将

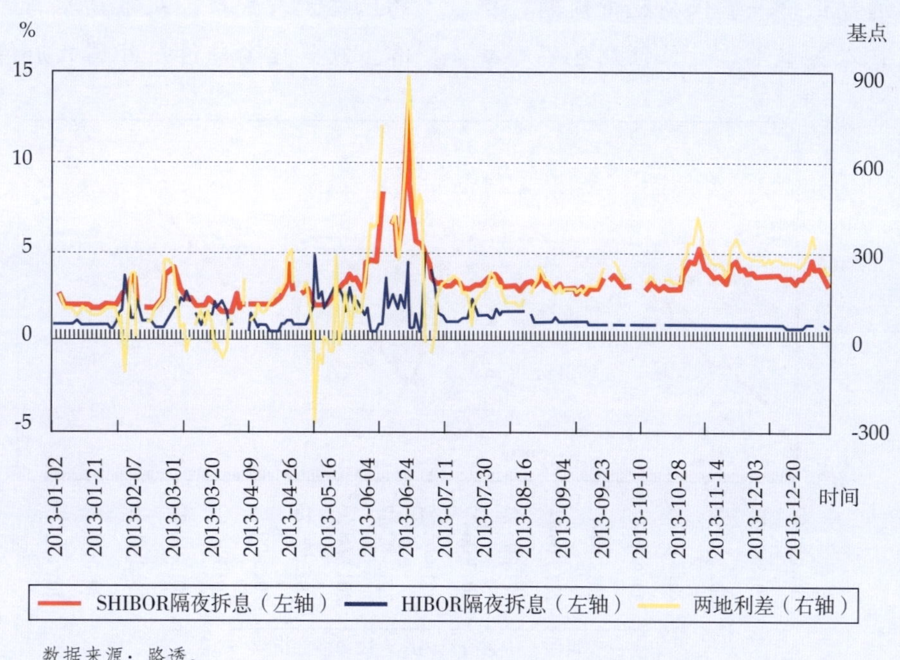

数据来源：路透。

图5-11 2013年香港与境内人民币隔夜拆息对比

趋于缩小。

二、多个境外人民币市场发行人民币债券，香港人民币债券二级市场交易活跃度上升

2013年，香港、台湾、伦敦、新加坡四地均有人民币债券发行，而2012年仅香港和伦敦有人民币债券发行。伦敦与新加坡人民币债券发行额均为20亿元，台湾人民币债券发行额达106亿元。

（一）香港人民币债券发行规模略有缩小，发债利率趋升

2013年，香港人民币债券发行规模有所萎缩，根据Thomson Reuters的统计，香港人民币债券发行额为944.55亿元人民币，比2012年缩小9.7%，特别是7~10月4个月发行额极度低迷。2013年香港人民币债券发行市场总体上供需两不旺，发展有所放缓。从需求面看，人民币即期汇价继续升值，但远期汇价一直保持贬值预期，中长期而言，人民币单边升值预期也不可持续，点心债购买需求降温；同时境外人民币资金的投资渠道拓宽，部分人民币资金通过RQFII、商业贷款和同业拆借回流内地，新加坡、伦敦及台湾等其他离岸人民币市场快速发展，也分流了部分资金；市场预期美联储将退出QE，资本回流美国，新兴市场债券遭投资者抛售。从供给面看，因投资者更为重视发行主体的信用评级，投资者对香港人民币债券的收益率要求提高，香港人民币债券的平均票面利率总体水平趋于上升，2013年香港人民币定息债券的平均发行利率为4.25%，比2012年末的3.83%走高42个基点，发债成本不断上升，发债人赴香港发债的积极性有所下降。

（二）香港人民币债券二级市场活跃度上升

香港人民币债券二级市场交易活跃度有所上升，据市场人士估计日均交易量约15亿元人民币。从市场参与者来看，国债、政策性金融债、外国政府债券和国际

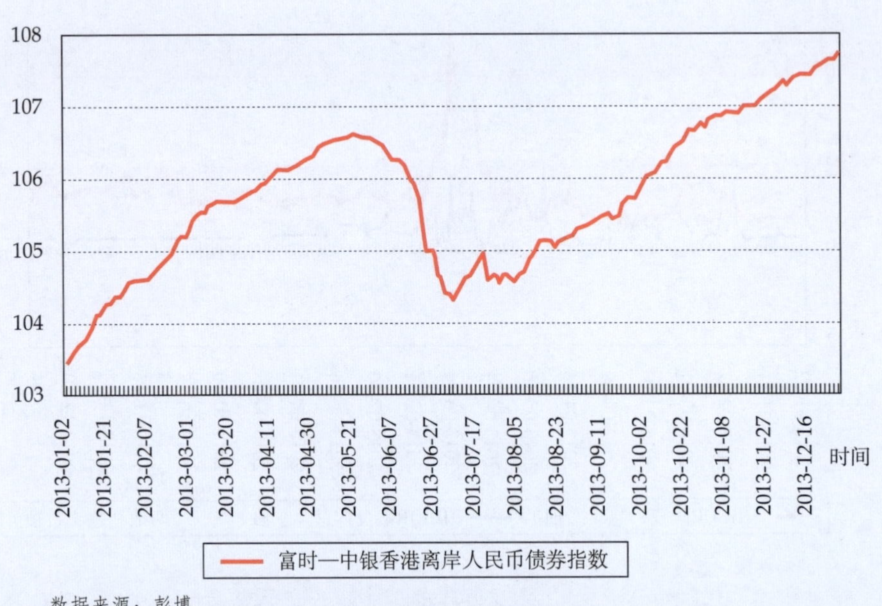

数据来源：彭博。

图5-12　2013年香港人民币债券指数走势图

机构债券的主要参与者为银行、保险公司和主权投资机构，投资级别的信用债的参与者主要是银行、保险公司和基金，高收益债的主要参与者为基金与券商。香港人民币债券的二级市场的做市能力比较薄弱，交易以客户驱动为主，双边报价的债券基本限于国债、政策性银行债和小部分发行量较大的高评级信用债，且买卖价差比较大，国债、政策性金融债也高达30~50个基点。香港人民币债券二级市场价格总体走高，以富时—中银香港离岸人民币债券指数为例，2013年末为107.74，年度收益率为4.14%。

三、境外人民币外汇交易规模快速增长，远期汇价预期人民币贬值

2013年4月，BIS进行的三年一次的央行调查所披露的数据显示，2013年4月，离岸人民币外汇OTC市场日均交易额为1 140亿美元，比2010年增长约2.5倍。离岸人民币外汇OTC市场日均交易额较高的市场有中国香港，494.7亿美元；英国，242.8亿美元；新加坡，238.6亿美元；美国，86.2亿美元；中国台湾，25.7亿美元；法国，11.9亿美元；澳大利亚，9.2亿美元；日本，6.8亿美元；德国，4.9亿美元。虽然伦敦的人民币存款余额明显下降，伦敦的人民币外汇交易额仍快速增长，伦敦作为全球最大的外汇交易中心具有一定优势，伦敦的人民币外汇交易量与当地的人民币存量关系不大。

（一）香港可交割人民币外汇交易更趋活跃，人民币即期汇价明显升值

2013年，香港交易所美元/人民币期货日均成交568手，日均交易额为5 685万美元，比2012年日均交易额为2 856万美元增加近一倍，2013年底，未平仓合约达18 701手，比2012年底的3 673手增加4倍多，香港人民币期货成交量与持仓量均大幅增加，交易趋于活跃，但尚未算普及，目前的市场参与者主要为本身持有人民币的投资者，因业务需要进行对冲。主要受人民币汇价波幅仍较有限、香港人民币期货交易时间较短等因素影响，市场中投机性的参与者较少参与。

香港可交割人民币外汇（CNH）市场继续发展。据市场人士估计，目前CNH人民币外汇即期日均交易额约30亿美元，CNH人民币外汇远期日均交易额约70亿美元，因CNH远期市场快速发展，香港人民币兑外汇不可交割远期（NDF）成交已大幅萎缩，成交量较小。

2013年，受中国经济逐步企稳回暖及市场预期美联储退出QE等因素影响，CNH与CNY即期交易价格一直在银行间市场中间价（CPR）下方运行，人民币即期交易价格明显强于CPR，三者年内均波动下行，人民币即期汇价明显升值。从远期价格走势看，远期汇价一直在即期交易汇价上方运行，预期人民币贬值，即使与中间价比，除少数交易日外，人民币远期汇价基本高于中间价，表明人民币汇率经过数年的持续升值，市场参与者不再单边预期人民币升值。年底时，人民币远期汇价向即期汇价靠拢，市场中人民币升值预期有所升温。

（二）离岸与在岸人民币汇差有所扩大，人民币汇价强正相关，在岸人民币即期汇价影响离岸人民币即期汇价

2013年，CNH与CNY即期交易价格交

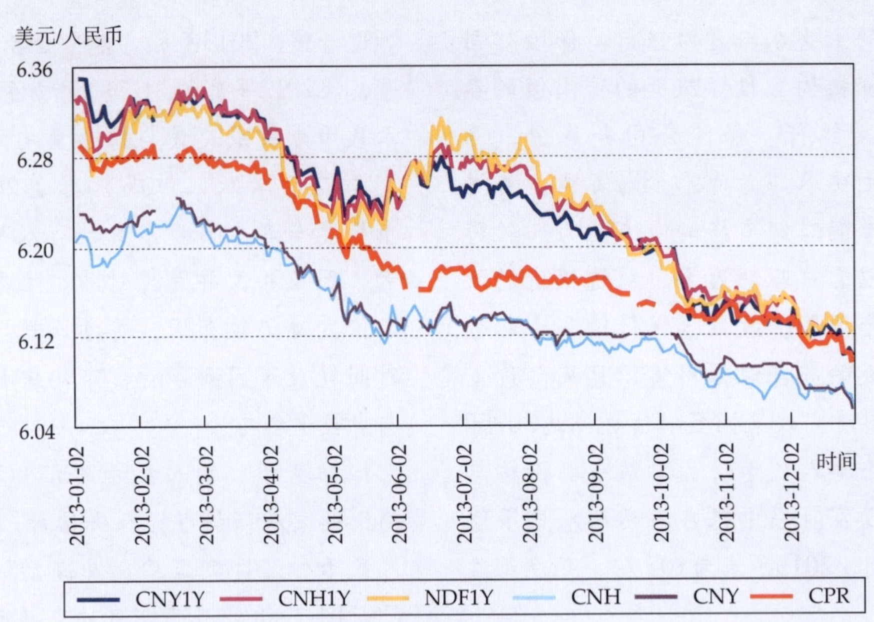

注：除中间价（CPR）外，所有价格均取每日收盘报价。

数据来源：路透。

图5-13　2013年香港及境内人民币汇率走势

叉运行，两者日均价差为73个基点，高于2012年50个基点的水平，因银行间市场对人民币即期汇价有波幅限制，境内人民币即期汇价年内一度连续涨停，影响了人民币即期汇价的市场化程度，在岸与离岸人民币外汇即期市场的关联度略有减弱。

我们对CNY与CNH即期交易汇价，1年期CNH、NDF与CNY美元兑人民币远期价格的每日收盘报价进行统计分析。相关性分析结果表明，2013年离岸与在岸人民币即期汇价的相关系数达0.987，略低于2012年的0.988，仍高度正相关。2013年在岸与离岸人民币远期汇价相关系数均超过0.94，明显高于2012年0.9左右的水平，人民币远期市场间关联度有所上升。在远期市场中，与2012年CNH与NDF相关性最强不同，2013年CNY与CNH相关性最强，因香港人民币NDF交易量明显萎缩，即使CNH与NDF市场间资金流动顺畅，存在套利渠道，两者相关性仍弱于CNY与CNH。

表5-1　境内外价格相关系数情况

	CNY	CNH	CNH1Y	CNY1Y	NDF1Y
CNY	1.000000	0.987282	—	—	—
CNH	0.987282	1.000000	—	—	—
CNH1Y	—	—	1.000000	0.984790	0.982661
CNY1Y	—	—	0.984790	1.000000	0.948580
NDF1Y	—	—	0.982661	0.948580	1.000000

表5-2 格兰杰检验结果

Null Hypothesis:	Obs	F-Statistic	Probability
CNY1Y does not Granger Cause CNH1Y	231	2.13718	0.14516
CNH1Y does not Granger Cause CNY1Y		6.99323	0.00876
NDF1Y does not Granger Cause CNH1Y	253	1.19181	0.27602
CNH1Y does not Granger Cause NDF1Y		2.79428	0.09585
NDF1Y does not Granger Cause CNY1Y	231	3.62723	0.05810
CNY1Y does not Granger Cause NDF1Y		0.76597	0.38239
CNY does not Granger Cause CNH	231	12.2532	0.00056
CNH does not Granger Cause CNY		0.68055	0.41026

格兰杰检验的结果则表明，在99%的置信区间下，CNY即期汇价是CNH即期汇价的格兰杰原因，在岸人民币外汇即期交易日均成交约158亿美元，远高于香港市场，在岸人民币即期汇价引导离岸人民币即期汇价走势。1年期CNH价是1年期CNY价的格兰杰原因。人民币远期汇价反映的是市场参与者对未来人民币汇价的预期，在岸外汇市场交易主要派生于企业实际购、售汇需求，缺少投机力量参与，需进一步促进市场参与主体多元化，提高市场化程度。随着香港人民币NDF交易量不断萎缩，NDF价格的影响力明显减弱，在95%置信区间下，1年期NDF价与1年期CNY价、1年期NDF价与1年期CNH价均互不影响。

第六章　黄金市场

2013年，国际金价下跌28.55%。受金价波动加剧的影响，市场交易需求激发。我国黄金市场规模显著增长，商业银行黄金业务持续快速发展，国内实物黄金需求保持旺盛。随着上海黄金交易所周五夜市、上海期货交易所连续交易的开通，国内外黄金市场的联动性进一步增强。黄金ETF、银行间黄金远期询价、黄金掉期询价等产品的上市交易，推动国内黄金市场产品体系进一步完善。

一、黄金市场运行情况

（一）上海黄金交易所现货市场运行情况

1. 现货金价震荡下跌，交易规模显著扩大

2013年，黄金价格不断下行。年末，上海黄金交易所黄金主力合约Au99.99收于236.46元/克，跌幅29.31%，创三年内的低点。全年，上海黄金交易所黄金累计成交11 614.45吨，同比增加5 264.25吨，增长82.90%；黄金累计成交金额为32 133.84亿元，同比增加10 627.5亿元，增长42.42%。日均交易量为48.8吨，同比增长86.76%。

2. 黄金现货合约交易成倍增长，延期合约交易占比下降

2013年，上海黄金交易所黄金现货合约累计成交4 919.75吨，同比增长131.55%，占黄金成交总量的42.36%，交易占比较上年提高8.9个百分点。其中，黄金现货主力合约Au99.99交易量增长较快，全年累计成

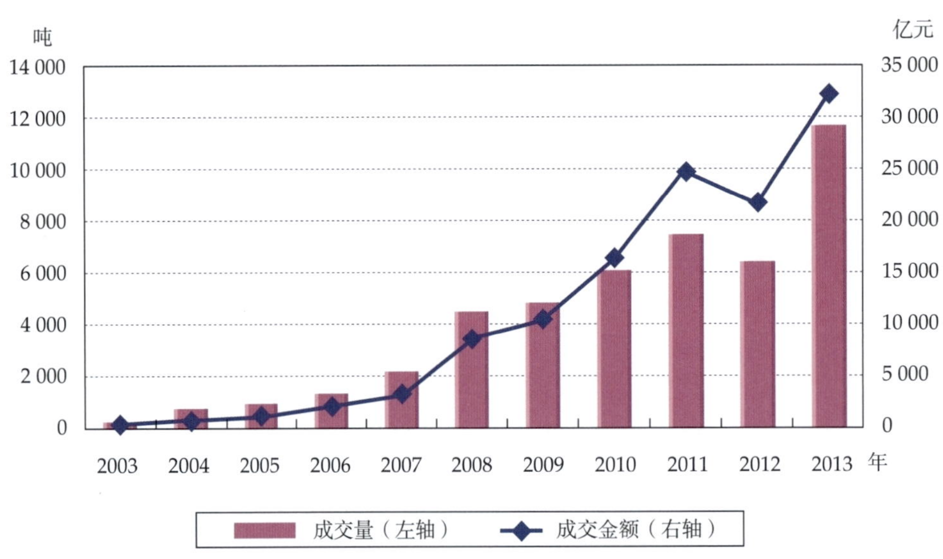

数据来源：上海黄金交易所。

图6-1　上海黄金交易所黄金交易量和交易额情况图

交3 188.48吨，较上年增加2 046.35吨，增长179.17%。黄金延期产品Au(T+D) 累计成交6 694.7吨，较上年增加2 469.15吨，增长58.43%，交易量占比从去年的66.54%降至57.64%。

3. 资金清算运行平稳，实物交割安全顺畅

2013年，上海黄金交易所资金清算总额为16 742亿元，同比增加5 463亿元，增长48.43%。其中会员自营清算额9 835亿元，增长40.45%；代理清算额6 907亿元，增长61.49%。日均资金清算笔数和日均会员保证金存量分别为1 200余笔和300多亿元。

2013年，上海黄金交易所黄金实物交割量为2 196.96吨，较上年增加1 058吨，增长92.89%。上海黄金交易所一直对交割黄金质量进行严格管理。截至2013年末，经上海黄金交易所认证可提供标准金锭、金条的企业有37家。上海黄金交易所在全国34个地区共使用了54个仓库，指定仓库使用率达73.97%，满足了实体产业对实物黄金的需求。

（二）上海期货交易所黄金期货市场运行情况

1. 黄金期货市场规模快速增长

按双边统计，2013年上海期货交易所黄金期货累计成交4 017.56万手（合40 175.6吨），同比增长234%；累计成交金额10.71万亿元，同比增长165.31%，占上海期货交易所所有品种总成交金额的8.86%，同比增加4.3个百分点。黄金期货连续交易自7月5日上线之后，黄金期货成交增长显著，日均成交量26.99万手，较连续交易上线前提高2.73倍。连续交易上线以来，黄金期货连续交易时段的成交量超过非连续交易时段，占同期黄金期货成交量的68.49%。

2. 黄金期货持仓量有所扩大

截至2013年12月底，上海期货交易所黄金期货持仓17.10万手（合170.99吨），较2012年12月同比增长53.5%。连续交易上线之后，随着交易时段覆盖度的扩大，上海期货交易所黄金期货价格的连续性得到改善，投

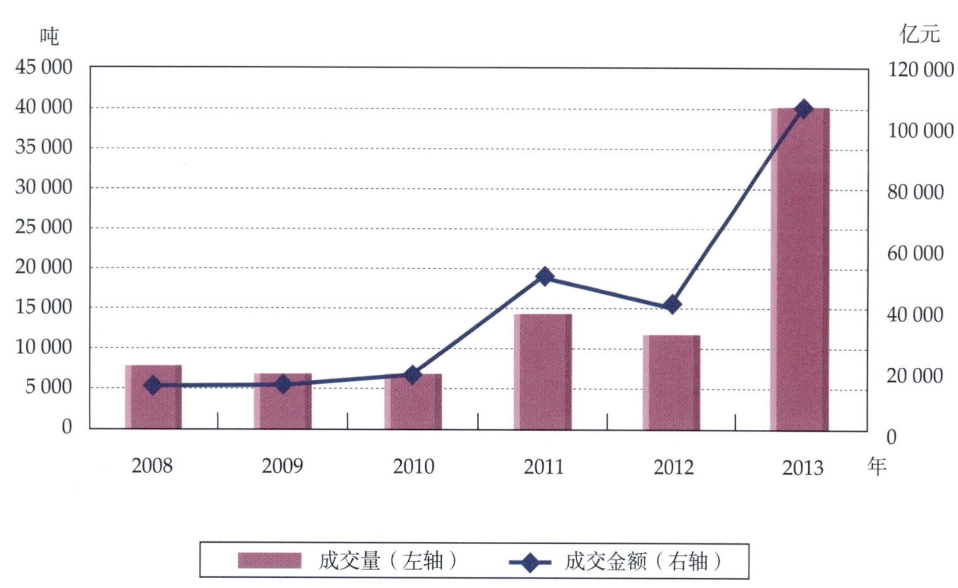

数据来源：上海黄金交易所。

图6-2 上海期货交易所黄金期货成交量和成交金额

资者的持仓规模有所提升，日均持仓量较连续交易上线前增长23%。

3. 黄金期货的价格发现功能有所提升

随着连续交易的推出，国内、国际期金市场，以及国内黄金期、现市场之间黄金价格的联动性均有所增强，国内黄金期货的定价效率有所改善。一方面，国内外黄金期货市场价差减小。2013年，上海期货交易所黄金期货与COMEX黄金期货的平均价差从2012年的3.27元/克降至2.43元/克，降幅25.69%。另一方面，国内黄金市场的期、现价差减少。上海期货交易所黄金期货与上海黄金交易所Au(T+D)的平均价差由2012年的1.64元/克降至1.40元/克，降幅14.63%。

（三）商业银行黄金业务开展情况

1. 自营、代理上海黄金交易所业务量大幅增长

2013年，商业银行在上海黄金交易所的黄金自营及代理总量为7 008.17吨，较上年增加3 419.63吨，增长95.29%。商业银行在金交所的黄金交易占比为60.30%，较去年同期增加3.79个百分点。

（1）自营业务。2013年，商业银行自营买卖上海黄金交易所黄金产品累计成交4 272.14吨，同比增加1 967.68吨，增长85.39%。

（2）代理业务。2013年，商业银行代理上海黄金交易所黄金业务累计成交2 736.03吨，同比增加1 451.94吨，增长113.07%。

2. 境内各类自有黄金业务保持快速增长

2013年，商业银行境内各类自有黄金业务累计成交4 501.49吨，较上年同期增加1 717.06吨，增长61.6%。其中，实物黄金业务、黄金租借业务、黄金质押业务增长较快。

实物黄金业务增长迅猛。商业银行实物黄金业务包括自营品牌金、代理品牌金和黄金积存（黄金定投）。2013年，商业银行实物黄金累计成交量（含销售及回购）521.77吨，成交金额为1 544.12亿元，同比分别增长165.43%和123.61%；其中，自营品牌金成交198.63吨，同比增长57.34%，代理品牌金成交24.89吨，同比增长135.92%；黄金积存（黄金定投）成交298.24吨，同比增长398.3%。

账户金业务有所增加。2013年账户金累计成交2 019.2吨，较上年增加428.31吨，同比增长26.92%；成交金额约为5 596亿元，同比增长3.8%。其中，人民币账户金累计成交1 864.54吨，同比增长27.79 %，成交金额为5 159.69亿元，同比增长4.3%。

黄金租借业务大幅增长。黄金租借业务包括商业银行黄金拆借业务和对企业客户的黄金租赁业务两部分。2013年，商业银行黄金租借业务累计成交1 354.88吨，同比增长160.6%，成交金额为3 750.72亿元，同比增长111.79%。其中，黄金租赁业务累计成交947.65吨，同比增长100.92%；黄金拆借业务累计成交407.23吨，同比增长643.12%。

黄金质押业务发展迅速。该业务属融资类黄金业务，一般按照黄金质押品价值的70%~80%发放贷款。2013年，商业银行累计接收质押黄金39.85吨，较去年同期增长4.37倍。

境内黄金衍生品业务有所增长。商业银行在境内开展的场外黄金衍生品业务包括分别以美元和人民币报价的黄金远期和黄金掉期，以及美元报价的黄金期权等。2013年，商业银行境内黄金衍生品业务累计交易565.79吨，较上年增加96.05吨，增长20.45%。其中，美元黄金远期业务累计成交991.99万盎司（308.54吨），同比减少25.49%，成交金额为136.48亿美元，同比减少39.78%；美元黄金期权业务累计成交146.88万盎司（45.69吨），同比增长139.00%；成交金额为20.39亿美元，同比增长97.38%；美元黄金掉期业务累计成交524.56万盎司（163.16吨）；人民币黄金远期业务累计成交29.76吨，同比增长42.05 %，成交金额为79.86亿元，同比增长12.60%；人民币黄金掉期业务累计成交18.63吨。

3. 各类境外黄金业务呈不同程度的增长

目前，商业银行从事境外黄金业务的品种主要包括黄金即期、黄金远期、黄金掉期，另有少量的黄金期权。2013年，共有25家商业银行参与境外黄金交易。各类境外黄金业务累计成交24 076.72万盎司（7 488.7吨），同比增长80.39%，成交金额为3 372.19亿美元，同比增长50.87%。其中，境外黄金即期业务成交11 062.55万盎司（3 440.84吨），同比增长57.92%；境外黄金远期业务成交4 084.10万盎司（1 270.30吨），同比增长33.27%；境外黄金掉期业务成交 8 919.80万盎司（2 774.37吨），同比增长172.54%；境外黄金期权业务成交10.26万盎司（3.19吨），同比增长133.50%。

二、2013年黄金价格走势分析

（一）黄金价格震荡下行，波动加剧

2013年，国际金价在经历12年连年上涨后，首度大跌。全年金价走势大体可分为两个阶段：第一阶段，年初至6月末，国际金价急速下跌；第二阶段，7月初至年末，国际金价震荡盘整。

年初，国际金价开盘于1 681.5美元/盎

注：国际金价为伦敦现货金上午定盘价，国内金价为上海黄金交易所Au99.99现货金的收盘价。

数据来源：伦敦金银市场协会（LBMA）、上海黄金交易所。

图6-3 2013年黄金价格走势图

司，受美联储退出QE预期增强及避险需求减弱的影响，2013年前两个季度金价一路急跌，最低至6月末的1 192美元/盎司。7月初，金价出现弱势反弹，在小幅上行至8月末的1 419.5美元/盎司高点后又继续下行。年末，国际金价收于1 201.5美元/盎司，较年初下跌28.55 %，已回落至2010年8月的金价水平。

全年国际金价波动加剧，极差（最高值与最低值之差）达501.75美元/盎司，较上年增加250美元/盎司，增长99.3%。国际金价的日内波幅及波频均有所增加。

国内金价走势与国际金价基本一致，维持下行态势。年初，上海黄金交易所现货主力合约开盘于334.99元/克，年内最高价340.8元/克，最低价235.84元/克，年末收于236.46元/克，较年初下跌29.31%。从金价波动情况看，2013年国内金价波幅高达99.15元/克，较上年增长近1倍。并且，国内金价伴随国际金价波动表现出短期急跌的特点。4月中旬、6月下旬，国内金价在5~7个交易日内分别下跌15.52%和13.45%。从价差情况看，2013年国内外金价最高价差达10.23元/克，平均价差3.32元/克。平均价差较上年增加1.53元/克，增幅85.47%。在全年238个交易日中，有237个交易日的国内金价高于国际金价，平均溢价幅度为3.32元/克，仅1个交易日国内金价低于国际金价，价差为0.75元/克。

（二）影响黄金价格走势的主要因素

一是美国经济数据向好引发QE退市预期导致金价波动。2013年，美国各项经济指标持续向好，11月失业率下跌至7.0%；同期CPI为 1.2%，远离美联储2%的目标；第三季度经常项目赤字948亿美元，为近四年内的新低。过去5年的三次量化宽松政策已刺激金价见顶，随着美国经济复苏进程加快，导致市场对美联储退出QE的强烈预期。该预期成为压制金价的主要原因。12月，美国终于启动了回撤QE的措施，美联储声明从2014年1月起将每月购债规模从850亿美元削减至750亿美元，且未来政策将视经济数据而定，同时还强化了长期保持超低利率的承诺。未来美国

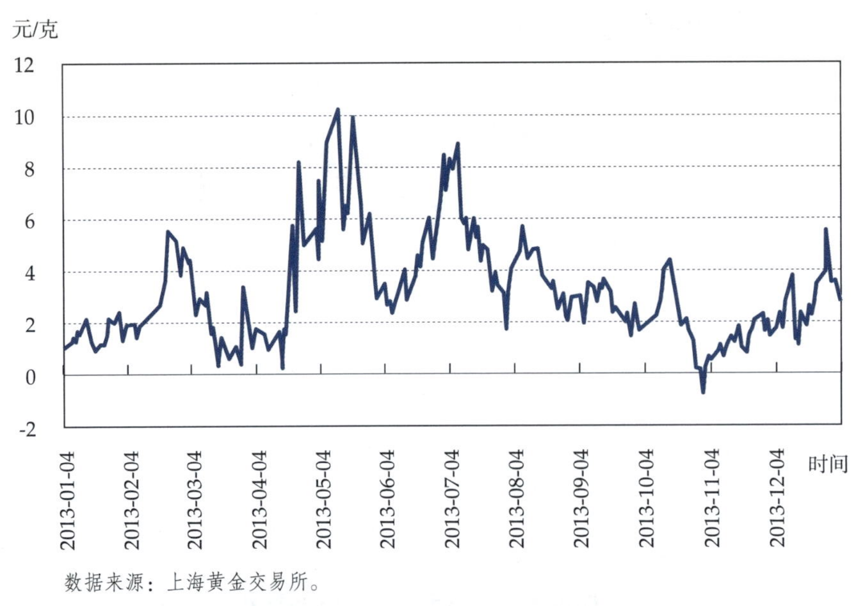

数据来源：上海黄金交易所。

图6-4 2013年国内外黄金价差走势

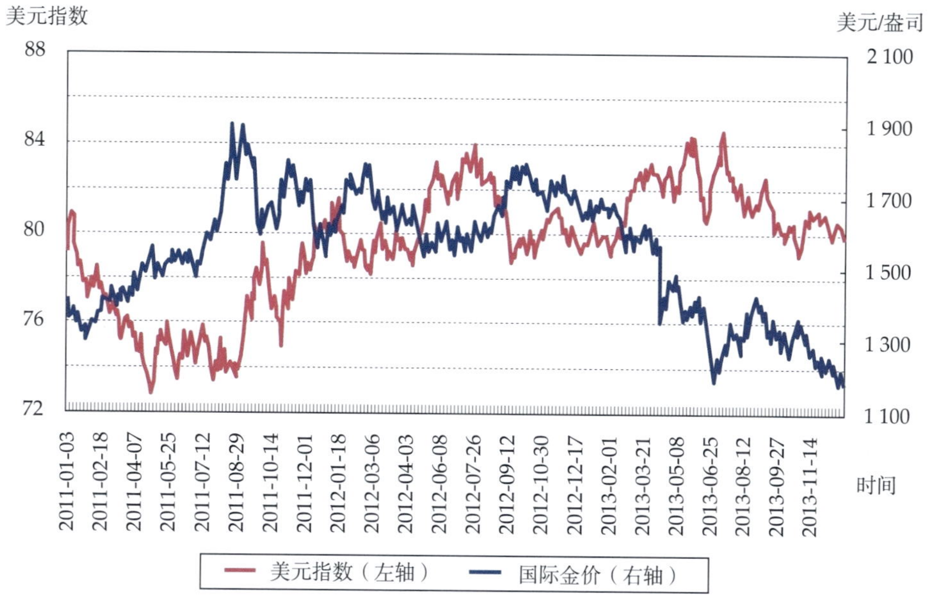

注：美元指数为每日收盘价，国际金价为伦敦现货金下午定盘价。
数据来源：路透、LBMA。

图6–5　美元指数和国际金价对比走势

货币政策的不确定性还将导致市场预期的波动，进而引发金价波动。

二是黄金投资机会成本上升导致全球黄金需求减弱。2013年美国道指、标普500不断创下历史新高，纳斯达克指数突破4 000点，创2000年9月以来的最高水平。股市收益率高涨导致投资者风险偏好上升，黄金市场资金纷纷流入股市。据世界黄金协会数据显示，2013年第三季度全球黄金需求同比下跌21%，触及四年来的低点868.5吨。黄金投资需求方面，黄金ETF持续减仓。截至2013年年末，世界上最大的黄金ETF——SPDR持仓量为798.22吨，较年初下降40.87%，较2012年12月的历史最高点1 353.36吨，下降41.02%。黄金消费需求方面，印度由于受黄金进口政策限制，第三季度黄金需求下降32%。黄金投机需求方面，截至12月6日COMEX黄金投机空头头寸达七年半高点，而投机多头头寸降至六年低点，大量黄金空头压制了金价上行。黄金储备需求方面，2013年全球官方黄金储备增加206.65吨，同比增长0.65%，是2009年以来的最低增幅，增持幅度减缓。

三是美元指数阶段性走强压制金价上行。自2011年第三季度以来，美元指数从70附近缓慢稳步回升。2013年，美元指数最高达84.753，创近三年的新高。同期，金价在2011年9月触及历史高位后逐步震荡回落（见图6–5）。黄金是以美元标价的产品，美元指数的阶段性走强，将诱发黄金投资需求减弱，进而引发金价下跌。

三、黄金市场运行的特点

（一）市场活跃度明显提升

2013年，国内外黄金价格下跌幅度累计近三成，金价波幅也明显超过去年同期。受金价大幅波动影响，全球各主要黄金市场交易普遍趋于活跃。2013年，全球最大的黄金现货市场——伦敦黄金市场，以及最大的黄金期货市场——美国COMEX市场的黄金交易量同比分别增长16.86%和7.99%。我国黄金市场也扭转了2012年的成交量下滑局面，活跃度明显提升。上海黄金交易所成交量同比增长八成左右，上海期货交易所成交量则同比增长2倍以上。我国黄金期货市场规模已经大幅超过日本和印度，成为仅次于美国COMEX的全球第二大黄金期货市场。

（二）国内实物黄金需求旺盛

2013年以来，金价总体呈下行走势，很大程度上激发了国内民众的实物黄金需求。一是黄金饰品需求快速增长。据中国黄金协会统计，2013年我国黄金消费量达1 176.4吨，首次超越印度，成为世界第一大黄金消费国。其中，我国黄金珠宝需求量达716.5吨，较去年同期增长42.52%。二是金条投资需求持续增长。2013年，我国金币、金条投资需求达375.73吨，同比增长56.57%。三是商业银行实物黄金销售量增长较快。2013年，商业银行柜台销售各类实物黄金产品累计达393.99吨，同比增长1.46倍。四是上海黄金交易所实物黄金出入库量大幅增长。全年，上海黄金交易所黄金实物出入库总量达4 394.94吨，较去年增长1.87倍。

（三）融资类黄金业务快速发展

2013年，商业银行黄金租赁、黄金拆借和黄金质押等融资类黄金业务成交量同比分别增长1倍、6.4倍和4.4倍。融资类黄金业务的高速发展一方面体现出在金价不断下行和国内融资形势总体趋紧的大背景下，企业通过租借黄金进行融金或融资的积极性有所提升；另一方面也反映了国内黄金市场实物流动性的不断增强。融资类黄金业务近年来总体保持了较快的增长态势，已被越来越多的金融机构和企业法人所认可。并且此类业务的发展壮大也将有助于形成一条成熟的黄金租借利率曲线，进而带动黄金远期等衍生品业务的发展。

（四）商业银行对黄金市场参与度持续扩大

根据人民银行上海总部“黄金市场监测分析系统”监测数据，截至2013年底，全国共有170余家银行业金融机构开展了黄金业务。参与黄金市场的地方法人行及外资行数量逐年递增。从商业银行的场内交易情况看，2013年商业银行在上海黄金交易所的交易量为7 008.17吨，占上海黄金交易所黄金交易总量的60.3%，较去年同期增加3.79个百分点。从商业银行场外黄金交易的规模看，2013年商业银行境内各项场外黄金业务累计成交4 522.23吨，较去年同期增长62.41%。从商业银行境外黄金业务交易看，2013年商业银行境外黄金交易累计成交7 488.7吨，同比增长80%。商业银行在黄金市场的主体地位和主导作用在不断增强。

四、市场基础性建设与产品创新

（一）《中国场外黄金衍生产品交易基本术语》发布

为规范场外黄金衍生品的交易行为，保障市场参与者的合法权益，促进场外黄金衍生品市场健康有序发展，中国银行间市场交易商协会起草制定了《中国场外黄金衍生产品交易基本术语（2013年版）》（以下简称《黄金基本术语》），并已经中国人民银行备案通过。

《黄金基本术语》涵盖黄金远期、掉期、期权等产品内容，约定了交易确认书、交易方、做市商等各类场外金融衍生品交易的通用要素和基本条款，并针对我国黄金市场交易结算的特点和惯例，对黄金衍生产品交易的日期、计算、清算和结算等有关术语进行了阐释，对黄金远期、掉期、期权等衍生产品交易的产品属性和产品结构进行了详细描述。《黄金基本术语》的推出，将有利于完善黄金市场的基础制度，降低市场交易成本，提高交易效率，加快市场创新发展。

（二）上海黄金交易所推出多项创新产品

为保障投资者的利益，进一步提升服务市场的水平，2013年，上海黄金交易所不断推出创新交易产品。一是上线银行间黄金远期、黄金掉期等银行间询价产品，进一步满足了市场多元化需求，完善了银行间询价交易市场建设，为场内竞价市场提供有益补充。截至2013年末，有26家商业银行参与银行间黄金询价交易，满足了银行间黄金大额交易的需求。二是上市Au99.5黄金现货合约，该合约的挂牌交易实现了与国际现货合约的接轨，一定程度上缓解了国内市场供给压力，有效平抑国内外金价价差，提高国内黄金市场流动性。

（三）黄金ETF上市交易

我国黄金ETF是首个跨黄金市场和证券市场的金融创新产品，是以上海黄金交易所实物黄金合约为基础资产的证券化基金产品。与国际上最大的黄金ETF——SPDR不同，我国黄金ETF创新性地实现了实时申购赎回机制。SPDR黄金ETF只有十几家黄金存托公司（Depository Trust Company）的成员作为其特许参与人才能参加申赎。而我国黄金ETF投资者都均可申购赎回，并且受《中华人民共和国证券投资基金法》的保护，即使基金公司倒闭，黄金ETF资产也不会受损失，不存在破产清算的交易对手信用风险。黄金ETF为投资者提供了一个新的投资黄金的渠道。投资者像买卖股票一样参与黄金ETF交易。上海黄金交易所为黄金ETF的实物申购赎回提供服务，实现了黄金交易和证券市场的联通。2013年7月和11月，共有三只黄金ETF分别在上海证券交易所和深圳证券交易所上市交易。截至2013年底，三只黄金ETF累计成交14.61吨，持仓总量为1.8吨。

（四）黄金市场基础设施建设进一步加强

一是上海黄金交易所和上海期货交易所交易时间进一步延长。2013年5月31日，上海黄金交易所正式推出了周五夜市。交易时间从周五21:00至周六凌晨2:30，并与下周一白天的交易合并，作为一个完整的交易日，在下周一收市后集中进行清算。2013年7月5日，上海期货交易所推出黄金白银品种连续交易，增加夜盘时段交易，优化了黄金市场交易机制，有效弥补了国内市场与国际市场的交易时间缺口，使上海黄金交易所的交易时间基本覆盖了欧美市场的主要波动时段，增强了国内黄金市场与国际市场的联动性。二是上海黄金交易所上线2.5代交易系统，硬件系统性能得到大幅提升。

五、黄金市场发展展望

进一步完善黄金市场体系。明确黄金市

场在金融市场中的地位和作用，发挥黄金市场在促进黄金产业发展方面的功能。积极发展黄金租借市场，提高银行间询价交易的活跃度，促进实物黄金的流转和利用。稳妥发展黄金衍生品市场，提高市场的规范性和开放性，促进形成多层次的市场体系。进一步完善黄金市场产品体系。结合黄金产业及市场发展需要，不断丰富黄金交易品种，满足产用金企业融资及风险管理的需要，向黄金产业提供多方位的金融服务。进一步扩大黄金市场的参与主体。引导更多的金融机构参与黄金市场，扩大黄金市场的广度和深度。进一步完善黄金市场的基础设施服务。加强黄金市场系统建设，为投资者提供安全、便捷、高效的黄金交易平台。借鉴国际经验，建立健全黄金市场集中清算服务体系。优化黄金账户服务，保障投资者利益，提高实物黄金的清算效率。建立健全黄金市场基准利率体系，强化黄金市场的信息披露和自律管理。

第七章　期货市场

2013年，中国期货市场产品创新步伐加快，8个商品期货新品种推出，国债期货平稳上市，连续交易试点启动，期货成交量和成交额显著增长。期货公司业务范围进一步拓展，并购增资数量明显增加。期货市场法规规则体系日益健全和完善，对外开放迈出新步伐。期货市场发展质量和效率不断提升，服务实体经济能力有所增强。

一、期货市场运行情况

（一）商品期货市场运行情况

1. 市场交易明显活跃，成交量和金额均创新高

2013年，中国商品期货市场交易活跃，成交量及成交额显著增加，均创出历史新高。全年商品期货累计成交量为18.68亿手，累计成交额为126.47万亿元，同比分别增长38.86%和32.73%。

分交易所来看，2013年上海期货交易所累计成交量为6.42亿手，累计成交额为60.42万亿元，同比分别增长75.86%和35.47%，分别占全国商品期货市场的34.39%和47.77%；郑州商品交易所累计成交量为5.25亿手，累计成交额为18.90万亿元，同比分别增长51.36%和8.84%，分别占全国商品期货市场的28.11%和14.94%；大连商品交易所累计成交量为7.01亿手，累计成交额为47.15万亿元，同比分别增长10.66%和41.51%，分别占全国商品

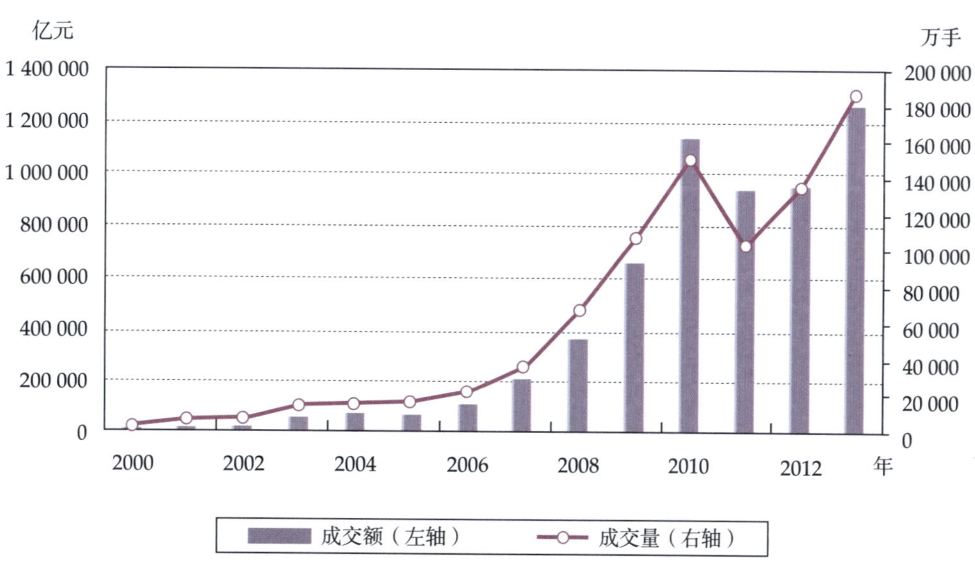

数据来源：中国期货业协会。

图7-1　中国商品期货市场2000～2013年成交量和成交额

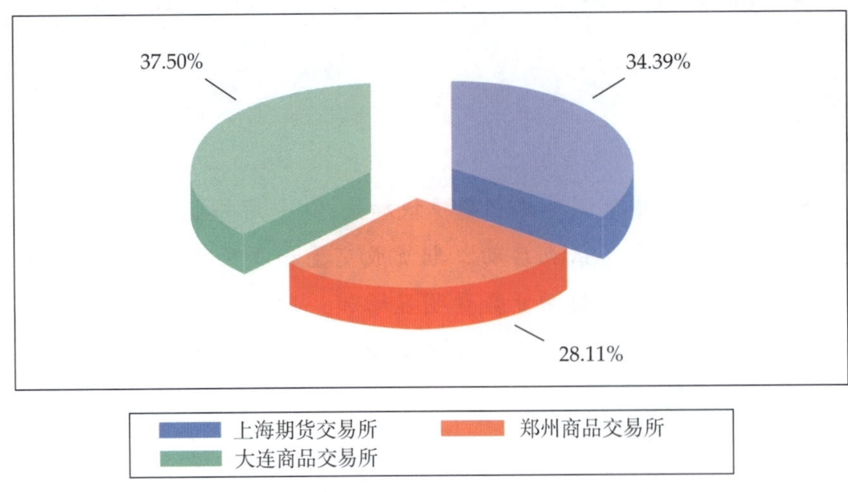

数据来源：中国期货业协会。

图7-2　2013年各商品期货交易所成交量占比

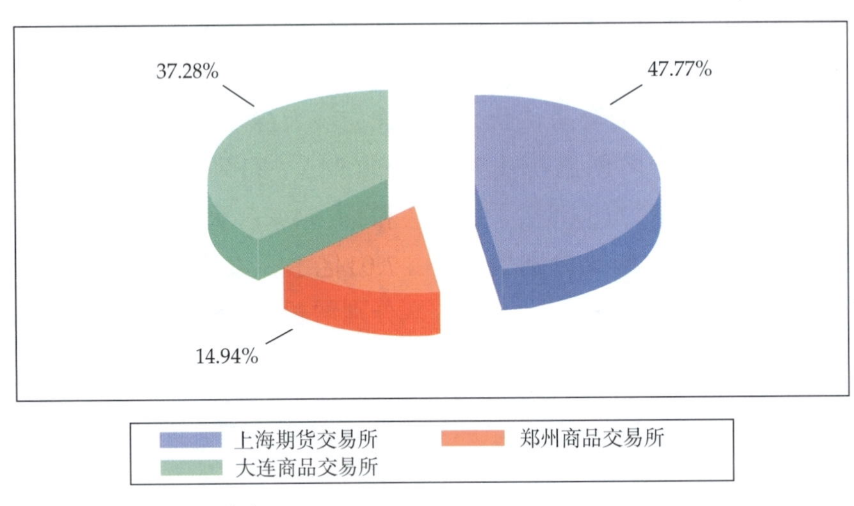

数据来源：中国期货业协会。

图7-3　2013年各商品期货交易所成交额占比

期货市场的37.50%和37.28%。

2. 活跃品种成交变化迥异，多数期货价格震荡下行

从成交活跃程度来看，2013年商品期货成交量前10大品种依次为螺纹钢、豆粕、玻璃、白银、菜籽粕、焦炭、豆油、棕榈油、PTA及天然橡胶，合计成交量为15.21亿手，占全部商品期货成交总量的80.43%；成交额前10大品种依次为焦炭、铜、天然橡胶、白银、螺纹钢、豆粕、豆油、黄金、玻璃及棕榈油，合计成交额为104.02万亿元，占全部商品期货成交总额的82.25%。

与去年同期相比，各活跃品种成交情况变化迥异。贵金属和基本金属方面，白银和黄金的成交量较去年同期大幅增加，同比分别增长714.59%和239.51%，螺纹钢和铜的成交量有所增加；能源和化工品方面，玻璃和焦炭的成交量较去年同期大幅增长1 053.29%

和250.31%，天然橡胶和PTA则有所减少；农产品方面，菜籽粕的成交量较去年同期大幅增长逾379倍，棕榈油和豆油的成交量显著增加，豆粕则小幅下降。

2013年，包括贵金属和基本金属、能源和化工品以及农产品在内的多数大宗商品期货价格震荡下行。

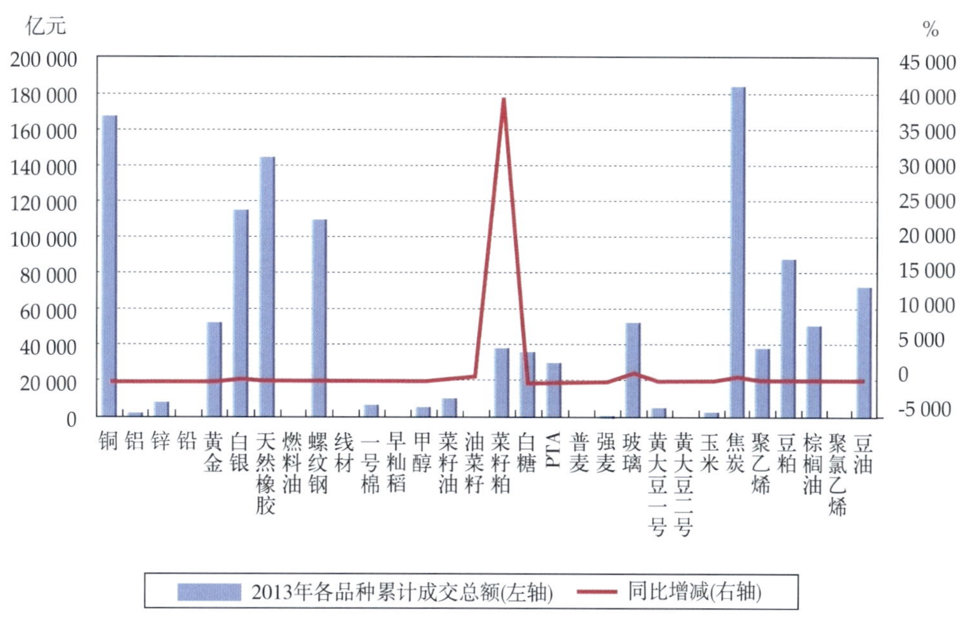

数据来源：中国期货业协会。

图7-4 2013年各期货品种成交额与同比增速

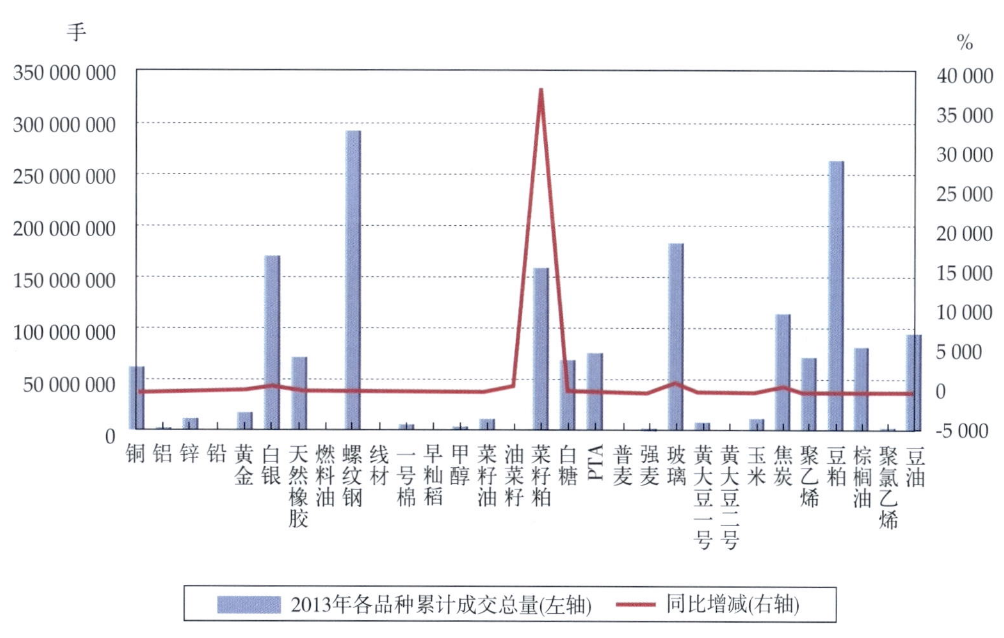

数据来源：中国期货业协会。

图7-5 2013年各期货品种成交量与同比增速

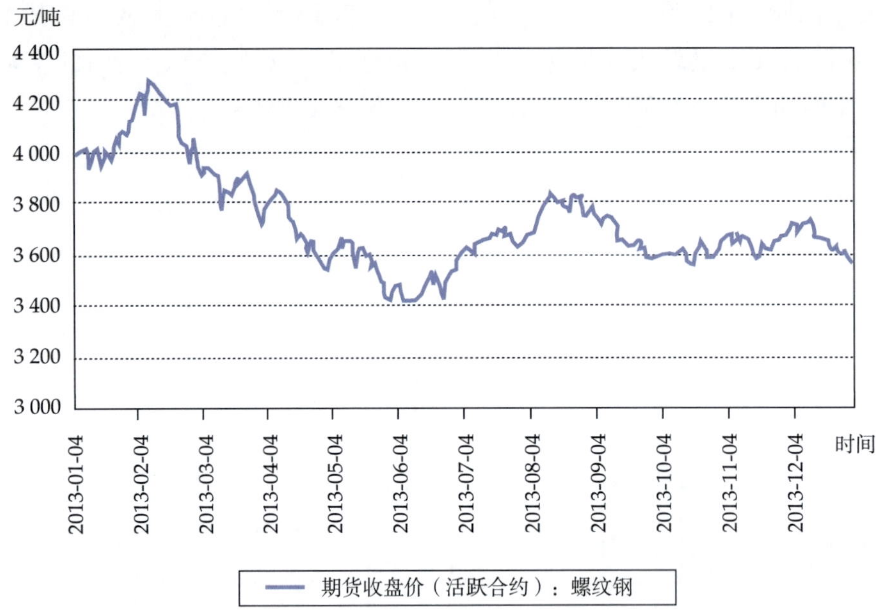

数据来源：Wind资讯。

图7–6　螺纹钢价格走势图

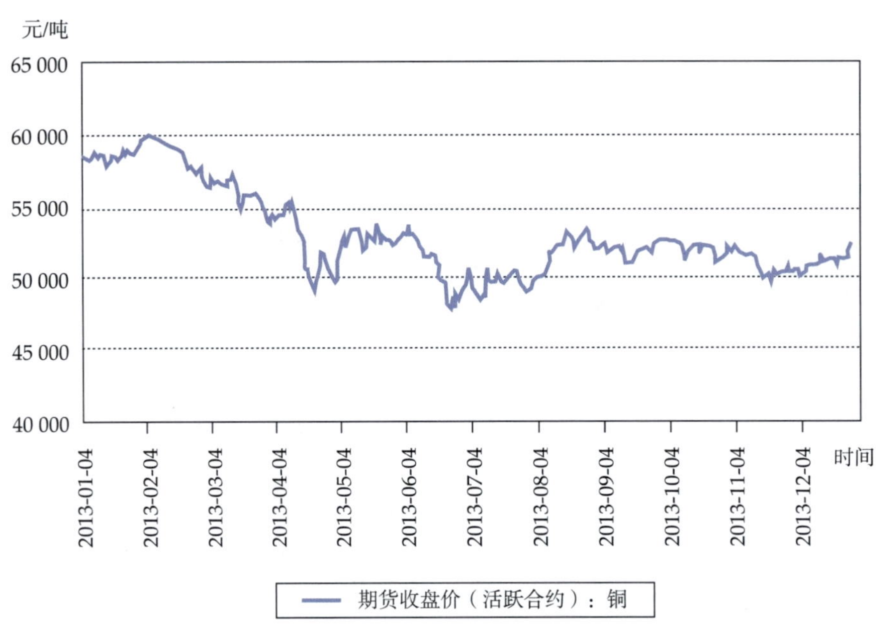

数据来源：Wind资讯。

图7–7　铜价格走势图

数据来源：Wind资讯。

图7-8　天然橡胶价格走势图

数据来源：Wind资讯。

图7-9　焦炭价格走势图

数据来源：Wind资讯。

图7-10 豆粕价格走势图

数据来源：Wind资讯。

图7-11 豆油价格走势图

（二）金融期货市场运行情况

1. 股指期货日趋成熟，交易结构不断优化

2013年，随着机构投资者、套保和套利交易者市场参与度不断提高，股指期货市场成交活跃，市场运行日趋成熟，市场表现日益理性，交易结构不断优化，避险功能稳步发挥。股指期货价格始终围绕现货价格波动，未偏离走出独立行情。全年二者价格相关性高达99.56%，收益率相关性达到95.85%，基差率处于1%以内的交易日占97.48%。

股指期货持仓量、成交量稳步增加，反映出市场旺盛的需求和良好的承载能力，使套保交易得以顺利开展。截至2013年12月底，累计开户16.48万户，全年累计成交

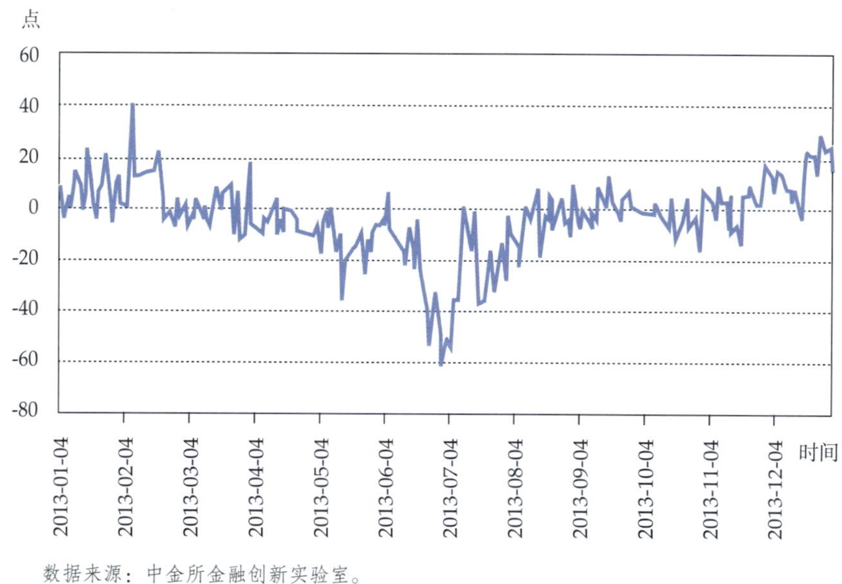

数据来源：中金所金融创新实验室。

图7-12　2013年沪深300股指期货每日基差

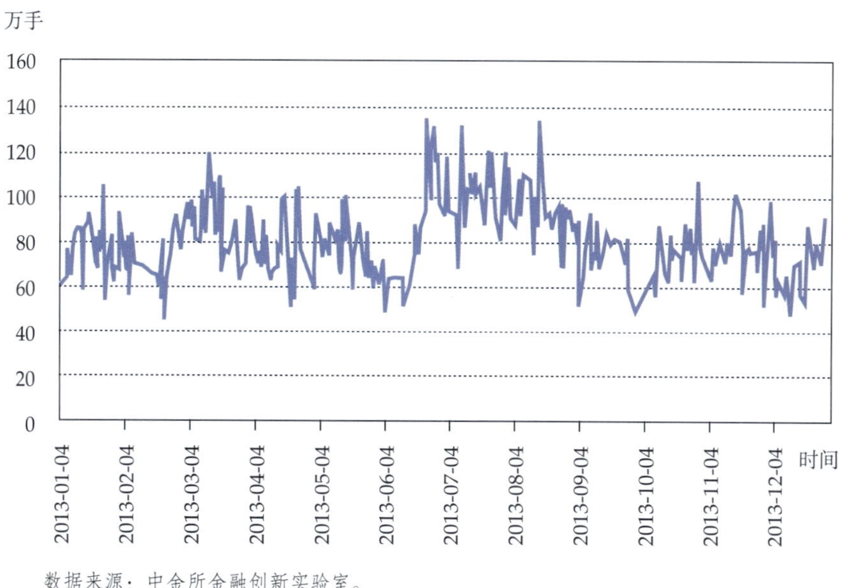

数据来源：中金所金融创新实验室。

图7-13　2013年沪深300股指期货日成交量

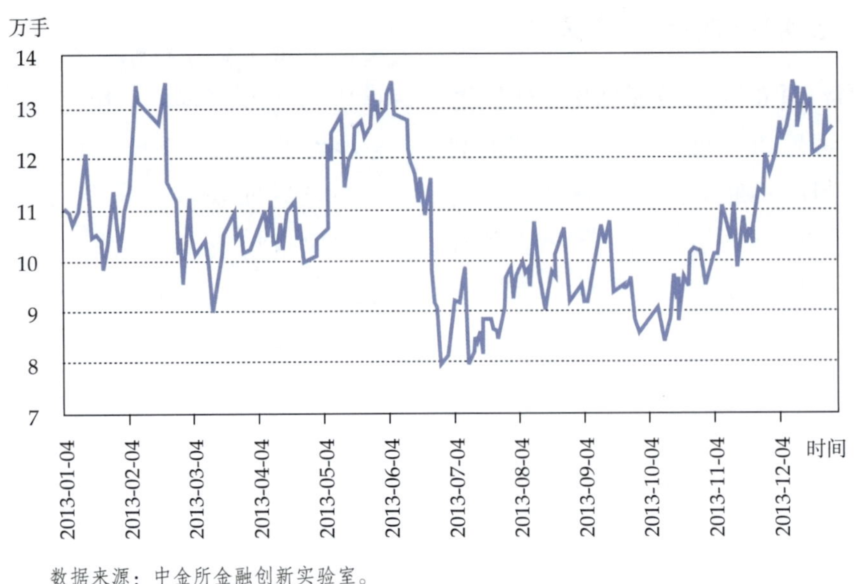

数据来源：中金所金融创新实验室。

图7–14 2013年沪深300股指期货日持仓量

量1.93亿手，同比增长83.91%，累计成交额140.70万亿元，同比增长85.52%。

市场运行质量进一步提升，成熟度不断提高。成交持仓比日趋下降，从上市初期最高26倍降至2013年的5至8倍。市场深度日渐提高，主力合约买卖五档深度分别比2010年增加1.84倍和1.93倍。买卖价差逐年减小，主力合约买卖价差从2010年的0.34点下降到2013年底的0.25点，降幅达36%。

市场交易结构不断优化，套保套利交易及持仓占比稳步提升，全年套保交易及持仓占比较2010年分别增长138.71%和117.54%。套利交易从2012年起步, 2013年12月的交易及持仓占比较去年同期分别大幅增长237.89%和392.71%。全年股指期货交割的期现货市场价、量均保持平稳，没有出现“到期日效应”。

2. 国债期货上市交易，市场运行平稳有序

2013年9月6日，5年期国债期货挂牌上市。上市以来，国债期货市场运行平稳。2013年12月18日，国债期货顺利完成首次交割，成功运行一个完整周期。截至12月底，累计成交量为32.88万手，累计成交额3 063.89亿元。市场功能初步显现，部分国债承销团成员利用国债期货对冲国债承销期间的利率风险，提升了现货市场的流动性。投资者参与理性，成交持仓主要集中于近月合约，成交持仓结构符合国际惯例，期现货价格联动性良好，平均收盘基差接近国际成熟市场水平。

二、期货市场运行的特点

（一）商品期货品种创新步伐加快，产品体系进一步完善

2013年，中国商品期货市场的品种创新步伐明显加快。全年新品种上市数量达到8个，包括焦煤、动力煤、石油沥青、铁矿石、鸡蛋、粳稻、纤维板、胶合板，接近前五年推出新产品数量的总和。至此，国内商品期货品种已增加至38个，产品体系进一步完善。上市的新品种覆盖了国民经济的重要

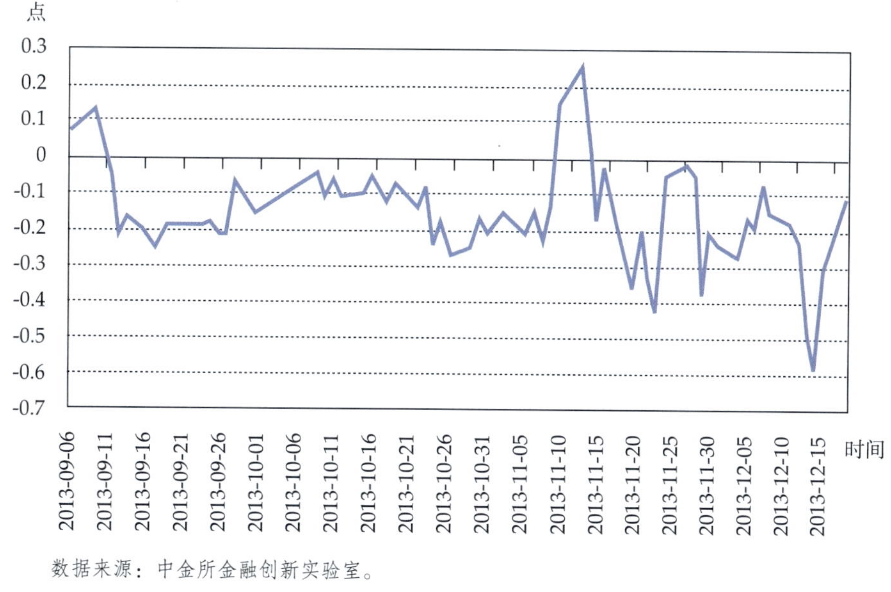

数据来源：中金所金融创新实验室。

图7-15 2013年5年期国债期货每日基差

表7-1 5年期国债期货每月日均基差情况

时间/指标		基差（日均）	基差（最大）	基差（最小）
2013年	12月	-0.28	-0.07	-0.58
	11月	-0.13	0.25	-0.42
	10月	-0.15	-0.03	-0.34
	9月	-0.11	0.13	-0.25
2013年		-0.18	0.25	-0.58

注：基差=最便宜交割券价格×转换因子－国债期货价格。最便宜交割券价格取于中债估值。
数据来源：中金所金融创新实验室。

方面，使得期货市场服务国民经济的深度和广度进一步扩展。纤维板、胶合板期货的上市填补了国内期货市场在林木产业的空白，和鸡蛋期货一起构建起包括农、林、牧在内的农产品期货品种新体系，对更好地服务“三农”、服务人民群众生产生活具有重要意义；动力煤、铁矿石等关系国家基础工业的上游期货产品陆续推出，将更好地促进相关产业健康发展，并对形成战略性资源更大的定价影响力产生积极意义。

（二）国债期货顺利推出上市，推进多层次资本市场建设

随着中国期货市场的日益成熟和规范，借鉴股指期货平稳运行的成功经验，第二个金融期货品种——5年期国债期货于2013年9月6日正式在中国金融期货交易所上市交易。这是中国多层次资本市场建设取得的重要成果，是继股指期货之后中国金融期货衍生品市场创新发展的又一突破，也是推动利率市场化改革的重要举措。国债期货的上市，有

利于提升国债现货市场的流动性，部分国债承销团成员可以利用国债期货对冲国债承销期间的利率风险；有利于建立市场化的定价基准，完善国债发行体制，推进利率市场化改革，引导资源优化配置；有利于风险管理工具的多样化，为金融机构提供更多的避险工具和资产配置方式；有利于完善金融机构的创新机制，增强其服务实体经济的能力；有利于推进中国多层次资本市场的建设，推动资本市场的深度和广度不断拓展，促进资本市场的改革发展和稳定运行。

（三）期货公司夯实资本并拓展业务，服务能力得到提升

2013年，期货公司并购和增资扩股数量大幅增加，资本实力有所提高。全年共发生6起并购案例，5家期货公司公告了增资事宜，涉及金额17.93亿元。海外并购迈出步伐。2013年7月，广发期货有限公司的全资子公司广发期货香港公司，收购了法国外贸银行所持英国NCM期货公司的100%股权，这是中资背景期货公司海外并购的第一单。与此同时，业务范围进一步拓展。2013年3月16日，中国证监会发布修订后的《证券投资基金销售管理办法》及配套规则，明确期货公司自6月1日起可参与基金销售业务。期货公司代销基金业务有望带来新的盈利增长点，将促进期货公司资管业务的发展并推动向综合金融服务平台的转型。2013年2月，中国期货业协会发布的《期货公司设立子公司开展以风险管理服务为主业务的试点工作指引》生效，此后已有20家期货公司风险管理子公司完成备案，13家公司陆续开展仓单服务、基差交易、合作套保、定价服务等新业务，充分发挥期货公司作为风险管理中介的创新能力和服务水平，促进期货市场与现货市场的有效结合，从而更好地服务实体经济。

三、期货市场制度与基础设施建设

（一）启动“期货法”立法工作

2013年12月10日，全国人大财经委员会召开证券法(修改)和期货法起草组成立暨第一次全体会议，正式启动“期货法”立法工作。“期货法”是资本市场重要的基础性制度，是解决期货市场改革发展和实践中重大问题的法理依据。一系列涉及期货市场的重要制度，如交易机制、主体规范、风险控制、投资者保护等将得以明确和完善。同时，中国期货市场要真正成为国际重要商品的定价中心，充分发挥期货市场管理风险的功能，必须有相应的开放政策、完善的跨境监管执法安排。制定“期货法”，一方面可以提升境外机构投资者对中国期货市场投资法律环境的信心；另一方面也可以为期货市场的对外开放以及跨境监管提供法律依据，为应对境外的不对等监管法律要求提供支持。

（二）开展期货市场连续交易试点

随着中国对外开放程度的不断提高，商品期货市场与国际市场的联动日益紧密，价格波动也更加频繁和剧烈，投资者对于延长期货市场交易时间的呼声日益强烈。为了增强中国期货市场服务投资者的能力，促进市场功能发挥，提升期货市场价格的连续性和权威性，2013年4月12日，中国证监会同意启动期货市场连续交易试点。7月5日，上海期货交易所黄金和白银期货连续交易正式启动，连续交易时段为每周一至周五的21:00至

次日凌晨2:30。11月20日，连续交易的期货品种从贵金属扩展到铜、铝、锌、铅四个有色金属品种。连续交易推出后，相关期货品种的交易活跃度明显提高，市场流动性得到显著改善。投资者也得以利用夜盘交易及时调整头寸、防范隔夜风险，期货市场的风险管理功能得到明显加强，价格发现和风险防范功能得到进一步发挥。

（三）成立上海国际能源交易中心

2013年11月6日，上海期货交易所在中国（上海）自由贸易实验区注册成立上海国际能源交易中心股份有限公司，具体承担国际原油期货平台的筹建工作，并开展跨部委的原油期货上市推进工作。该交易中心以“国际平台、净价交易、保税交割”为基本建设思路。国际平台是指交易、交割和结算环节的国际化，引入境内外投资者参与，包括跨国石油公司、原油贸易商、投资银行等，以突破国内现货市场参与主体少、原油流通受限的困境，争取发挥中国石油定价的影响力。净价交易是指石油期货交易价格中不包含关税、增值税。保税交割是指依托保税油库，进行实物交割。保税现货贸易的计价为不含税的净价，有利于国际原油现货、期货交易者参与交易和交割，将使国内和国际的石油资源在保税油库的价格得以衔接，市场交割更加平稳和便利。上海国际能源交易中心的成立，有助于推进中国原油期货市场的建设，也是资本市场落实国家建设上海自贸区战略的重大举措。

（四）修订期货公司风险监管指标

2013年2月21日，中国证监会发布《关于修改〈期货公司风险监管指标管理试行办法〉的决定》，同时公布《关于期货公司风险资本准备计算标准的规定》。自2013年7月1日起，期货公司应按照相关要求，完善以净资本为核心的风险监管指标管理制度，确保公司的稳健经营。本次修订的主要内容包括：为适应期货公司创新业务发展需要，建立风险资本准备概念，根据每项业务不同的风险特征，规定相应的风险资本准备计算标准；在风险可控的前提下，放松对期货公司的资本管制，将风险资本准备占客户境内权益总额的基准比例由6%下调为4%；体现扶优限劣的政策导向，将以净资本为核心的风险监管指标与公司分类评价结果挂钩，按评级等级由高到低，计算标准逐次提高，提高了监管的针对性和有效性。

（五）健全金融期货业务规则体系

2013年，根据业务发展需要，中国金融期货交易所对股指期货相关的业务规则进行了全面修订和完善，以促进产品功能发挥和市场运行效率的提升。完成了《中国金融期货交易所交易规则》、《中国金融期货交易所结算细则》等10余项业务规则的修订，新制定《沪深300股指期货合约交易细则》和《期货公司会员资格管理业务指引》2项业务规则。根据产品创新需要，建立了国债期货相关的业务规则体系，完成了《5年期国债期货合约》、《5年期国债期货合约交易细则》等规则起草和发布实施工作，配合中证登和中债登完成了交割业务操作协议及备忘录签署工作，为国债期货上市及平稳运行提供了制度保障。为丰富会员结构，修订了《中国金融期货交易所会员管理办法》等制度，为期货公司变更会员资格和非期货公司入会消除政策障碍，为商业银行等自营类非期货公司机构入会提供制度依据。根据中国证监会要求，发布实施《中国金融期货交易所指定存管银行管理办法》，对银行业金融机构从事期货保证金存管业务做出了规定，强化了交易所对存管银行自律监管的能力。

四、期货市场发展展望

2014年，中国期货市场的产品体系将进一步健全，推动原油等战略性资源品种和宜农期货品种上市，发展权益类、利率类、汇率类金融衍生品，稳步发展期权、商品指数、碳排放权等新型交易工具。已上市期货品种将持续做精做细，着力改造已上市期货品种合约规则，平衡好与新品种上市之间的关系，有针对性地进行适合于实体经济需要的调整和改造，进一步完善期货品种功能发挥的评估、反馈、改进机制。期货市场的对外开放将稳妥推进，在成熟品种上试点引入境外投资者，扩大商品期货保税交割品种和区域的试点范围，扩大期货行业对外开放，允许境外机构参股期货公司，支持具有市场竞争力和风险承受力的期货公司开展境外期货经纪业务，设立境外分支机构。期货市场的基础制度有望得到夯实，加快推动“期货法”立法工作，完善期货市场投资者适当性制度，积极培育和发展机构投资者，推动完善各类经济实体、金融机构有序参与期货市场的政策规定。

第八章 金融衍生产品市场

2013年我国金融衍生产品市场规模继续增长，市场交易保持活跃。利率互换交易略有下降，参与主体稳步增长，参考利率呈多元化趋势；汇率衍生品交易保持高速发展态势，掉期产品在调节流动性上的功能进一步得到发挥；信用风险缓释工具市场运行平稳，参与主体进一步增加。

一、人民币利率衍生产品市场运行情况及特点

（一）各类人民币利率衍生产品的运行情况

2013年，银行间各类人民币利率衍生品累计成交2.7万亿元，同比下降6.0%，其中，利率互换（Interest Rate Swap，IRS）累计成交24 409笔，名义本金达2.73万亿元，较去年同期成交量下降了6.0%；债券远期和远期利率协议各自仅有1笔成交，金额分别为1.01亿元和0.5亿元。

截至年末，利率互换市场未平仓合约名义本金总计2.6万亿元（单边计算），较上年末高出9.3%。从成交量的月度分布看，1月、3月、6月和11月的成交量较高，均在2 000亿元以上，其中6月最高，达到3 365亿元。

从期限结构上看，短期交易仍占主导。1年期及1年期以下交易名义本金额达2.1万亿元，占总成交量的75.6%，较2012年下降1个百分点；1~5年期和5~10年期交易分别占比14.5%和10.0%。从参考利率看，以七天回购定盘利率（FR007）、隔夜和3个月Shibor利率为参考利率的互换交易仍是最主要的成

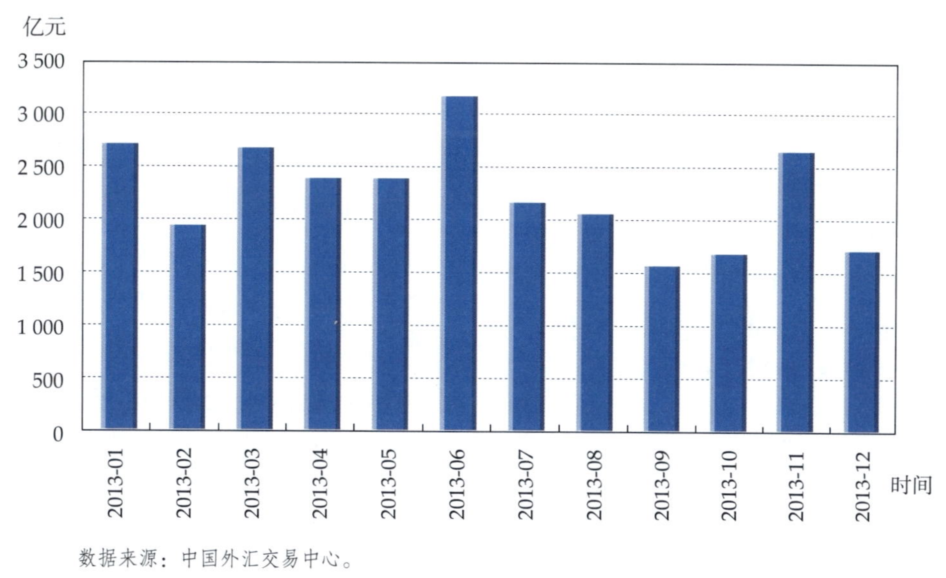

数据来源：中国外汇交易中心。

图8-1 2013年利率互换月度成交量

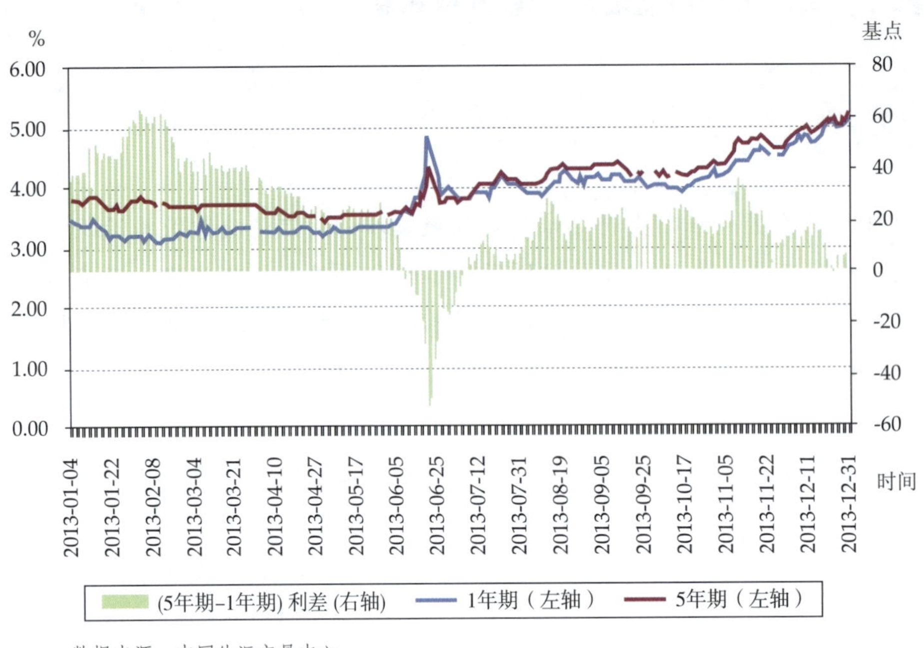

数据来源：中国外汇交易中心。

图8–2 2013年FR007–IRS1年期与5年期固定端利率走势及利差

交品种，成交占比分别达到65.3%、21.0%和12.2%；6个月、1年、3年、5年以及5年以上贷款利率，与之相关的利率互换交易共占总成交量的0.7%；1年定存利率，相关成交量占0.7%；此外，1年期贷款基准利率（LPR）10月推出后，也成为利率互换的参考利率，与之相关的交易共7笔、4.2亿元，占0.02%。

利率互换价格整体与货币市场利率走势较为一致，利率曲线形态趋于平缓。以成交量占比最高的FR007–IRS为例，其价格走势与货币市场7天利率基本一致，以6月为界前低后高，1年期价格中枢上半年在3.3%附近，受6月流动性紧张以及其后资金面紧平衡格局的影响，下半年中枢整体抬高至4.1%~4.2%水平；从利率曲线形态看，整个6月利率曲线出现倒挂，下半年虽然恢复正常形态，但较上半年明显变得平缓，5年期与1年期利差由年初的35个基点降至年末的2个基点。

（二）人民币利率衍生产品市场运行的特点

1. 利率互换仍为利率衍生品市场主导产品

2013年，利率互换交易量虽然较去年略有下降，但纵向来看交易量仍处于历史较高水平，且在整个人民币利率衍生产品市场总成交量的占比达到99.9%以上。同时利率互换仍有很大的发展空间。第一，从绝对量看，国际清算银行统计2013年4月国际利率衍生品的日均交易量为2.3万亿美元，而我国2013年日均只有0.01万亿元人民币，占前者的万分之七不到；第二，从市场占比看，国际上利率衍生品是场外金融衍生品的主导品种，近20年一般占到全部衍生产品名义本金的75%~80%（据国际清算银行估算），但我国利率互换交易规模仅为汇率衍生品规模的10%左右，发展空间巨大。

2. 参与主体稳步增长，以外资银行为主导

利率互换市场参与主体稳步增长。截至2013年底，利率互换交易的备案机构达到107家，较2012年底增加了14家；共有76家机构签署利率互换确认功能使用承诺函，较2012年底增加了13家。

从交易量来看，外资银行成交最多，占全部成交量的53.3%，其次是中资的股份制商业银行、城市商业银行、国有商业银行、政策性银行和证券公司，成交量分别占总成交量的23.7%、9.8%、5.0%、4.1%和4.0%。

3. 浮动端参考利率多元化，贷款基准利率获青睐

利率互换的浮动端参考利率除Shibor利率和FR007外，各期限的贷款利率在2013年也获得较多的应用。该现象出现的原因主要在于企业锁定贷款成本的需求上升。此外，1年期贷款基准利率（LPR）10月推出后，也迅速成为利率互换的参考利率。

二、人民币汇率衍生产品市场运行情况及特点

（一）各类人民币汇率衍生产品的运行情况

2013年，银行间人民币汇率衍生品市场保持高速成长，共完成交易3.5万亿美元，同比增长21.4%，其中，人民币外汇掉期市场成交3.4万亿美元，同比增长35.0%；人民币外汇远期市场成交323.7亿美元，同比下降62.6%；人民币外汇货币掉期和外汇期权市场分别成交24.4亿美元和217.5亿美元。人民币汇率衍生品在整个人民币外汇市场上的比重进一步提高，从2012年的43.8%提升至2013年的45.9%。

受人民币升值预期和市场资金面影响，人民币汇率衍生品市场价格走势呈现双向波动。其中，人民币对美元1年期掉期价格年初报1 200点，第一季度末小幅回落至1 000点，

表8-1 2013年利率互换浮动段参考利率及交易量对比

参考利率	成交金额(亿元)	占比（%）
FR007	17 818.59	65.32
Shibor_O/N	5 738.15	21.04
Shibor_3M	3 337.90	12.24
1年定存利率	178.18	0.65
贷款利率_1年	156.56	0.57
贷款利率_3年	31.95	0.12
LPR1Y	4.18	0.02
贷款利率_5年	4.09339	0.02
5年以上贷款利率	3.385	0.01
LIBOR	2.4	0.01
Shibor_3M_5D	2	0.01
其他	0.3	0
贷款利率_6月	0.099	0

数据来源：中国外汇交易中心。

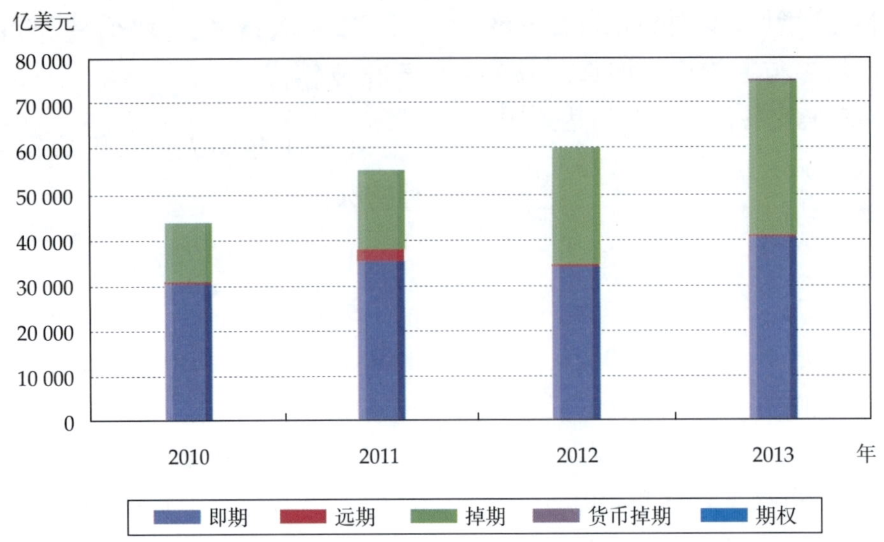

数据来源：中国外汇交易中心。

图8-3 人民币外汇衍生品市场成交水平

数据来源：中国外汇交易中心。

图8-4 人民币对美元1年期掉期点走势

6月末，伴随资金面紧张上升至1 500点，至第四季度开始回落，年末1年期掉期价格报450点。

人民币汇率衍生产品市场会员不断扩大。截至2013年末，人民币外汇远期和掉期市场共有会员88家，较去年末增加8家；人民币外汇期权市场共有会员33家，较去年末增加4家。

（二）人民币汇率衍生产品市场运行的特点

1. 外汇掉期产品占比进一步上升

2013年，人民币外汇掉期产品交易在人民币汇率衍生品交易中的占比进一步上升。

全年人民币外汇掉期市场成交占到人民币汇率衍生品交易的98.4%，较2012年上升2.1个百分点。人民币外汇远期市场成交则出现了同比减少。这一方面是由于继2012年商业银行头寸余额管理制度调整以后，远期市场规模进一步缩小，释放掉期市场需求；另一方面，随着本外币资金联动的加强和资金面局势的紧张，掉期产品在调节流动性上的功能进一步得到发挥。

2. 本外币资金面状况联动反应，外币利率上涨

2013年，本外币资金面状况联动反应进一步加强。尤其是6月，货币市场利率震荡明显，多重因素叠加推升本币利率，隔夜和一周Shibor最高升至10%以上，外汇掉期市场对本币市场资金面状况作出灵敏反应，外汇掉期曲线全面上行。6月下旬1周、1个月、1年期掉期点分别攀升至135点、350点和1 520点，显著高于正常时期水平。随着6月末货币市场利率的回落，人民币衍生品汇率价格逐步回落。随着本币利率的上扬，外币利率也明显上涨。1个月、3个月和6个月掉期隐含美元利率分别从年初的1.28%、1.27%和1.42%涨至年末的3.60%、3.73%和4.11%，银行间各期限掉期隐含美元利率年内均上涨超过两个百分点。

3. 衍生品汇率隐含贬值预期，走势呈现双向波动

2013年，人民币对美元衍生品汇率隐含贬值预期，整体呈现双向波动趋势。以中间价为基准进行衡量，从年初至2月，银行间1年期掉期汇率隐含的贬值预期由1%以上水平下降至0.5%；3月至5月，市场贬值预期相对保持平稳；进入6月之后，贬值预期开始上升，并于6月20日达到全年的高点1.69%；随后贬值预期逐渐下行直至9月末；第四季度衍生品汇率升贬预期比较稳定，12月末，1年期掉期汇率隐含的贬值预期减弱至0.03%左右。

4. 外汇期权交易进一步活跃

2013年，人民币外汇期权市场交易活跃，全年共成交217.5亿美元，同比增长551.0%。外汇期权成交以人民币对美元币种为主；从期限看，1年和1周期限产品较为活跃，分别成交52.9亿美元和76.1亿美元，占期权市场成交比重分别为24.3%和35.0%，此外，1个月期限成交25.0亿美元， 3个月期限成交15.2亿美元。看空期权成交占比为46.5%，与去年基本持平。

三、人民币信用衍生产品市场运行情况及特点

（一）信用风险缓释工具市场运行情况

2013年，信用风险缓释工具（Credit Risk Mitigation，CRM）市场运行平稳，部分信用风险缓释合约（Credit Risk Mitigation Agreement，CRMA）和信用风险缓释凭证（Credit Risk Mitigation Warrant，CRMW）平稳到期。

截至2013年末，已有16家交易商累计达成了46笔CRMA交易，名义本金合计39.4亿元，标的债务类型包括短期融资券、中期票据、中小企业集合票据和银行贷款，合约期限从32天到2.21年不等，涵盖十余个不同的标的实体。信用事件后的结算方式包括实物结算和现金结算。2013年，无新达成的CRMA交易，尚在存续期的2笔CRMA分别于第一季度和第二季度到期，名义本金为3.5亿元，涉及交易商3家。截至2013年末，无尚在存续期的

CRMA。

截至2013年末，共有6家CRMW创设机构累计创设登记发行9只CRMW，名义本金合计7.4亿元；标的债务类型包括短期融资券和中期票据，期限在1年左右。市场参与者通过交易系统累计达成6笔CRMW交易，名义本金合计2.4亿元。2013年，无新创设的CRMW，二级市场上也未发生新的CRMA交易。年初以来尚在存续期的1只CRMW于第三季度到期，名义本金1.3亿元，涉及1家凭证创设机构和2家交易商。

（二）信用风险缓释工具参与主体增加

2013年，CRM交易商、CRM核心交易商和CRMW创设机构数量有所增长。截至2013年末，共有46家市场成员备案成为CRM交易商，较2012年末增加1家，其中包括33家中外资商业银行、11家证券公司、1家金融资产管理公司和1家其他类型机构；共有26家市场成员备案成为CRM核心交易商，较2012年末无变化，包括24家中外资商业银行和2家证券公司；30家市场成员备案成为CRMW凭证创设机构，比2012年末增加1家，其中包括22家中外资商业银行、7家证券公司和1家其他类型机构。

四、外币对衍生产品市场运行情况及特点

（一）外币对衍生产品交易继续稳步增长

2013年，银行间外币对衍生品市场成交水平继续保持大幅增长，共完成交易296.4亿美元，同比增长26.1%，其中外币对远期市场成交35.2亿美元，同比增长31.0%；外币对掉期市场成交261.2亿美元，同比增长25.5%。

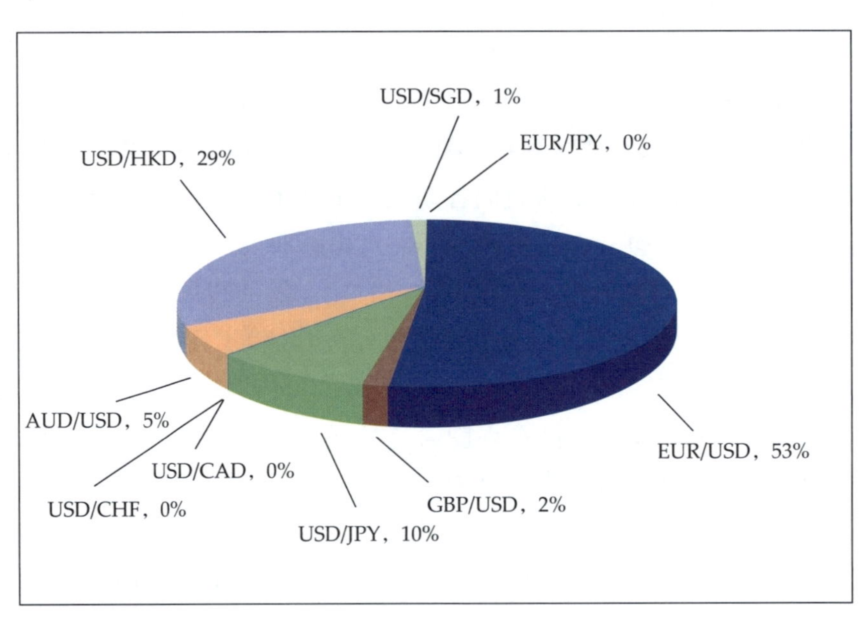

数据来源：中国外汇交易中心。

图8-5　2013年外币对衍生品市场结构图

（二）各币种成交量形成分化

2013年，EUR/USD和USD/HKD继续成为外币对衍生品市场交易量最大的货币对，全年分别成交155.7亿美元和85.8亿美元，前者占外币对衍生品市场成交的半数以上。USD/JPY成交随其后，共成交30.8亿美元。三个货币对衍生品的成交水平占整个外币对衍生品交易总额的91.9%，较2012年上升7个百分点。AUD/USD和USD/CAD交易量出现下降。

五、金融衍生产品市场发展展望

（一）继续推动产品创新，完善衍生产品序列

市场主体风险管理和业务需求的发展对衍生产品提出了更高的要求。开放性的原油期货市场建设，铁矿石、动力煤等大宗商品期货品种创新的研究，碳排放权交易试点市场的调研与引导，以及商品指数期货和期权等新交易工具的研发等方面，都存在较强烈的市场需求。对于银行间市场来说，现有的利率和汇率类基础衍生产品已经形成了较为完整的序列。未来会在活跃现有衍生品交易的基础之上，进一步研究推出汇率、利率期货和利率期权等产品，完善市场价格发现功能，满足市场风险管理的需求。此外，随着信用债券市场的逐步壮大，信用类衍生产品市场的容量和流动性有了进一步的保证，因此也有望扩大规模。

（二）继续完善基础设施建设，保障市场运行效率与安全

随着银行间衍生品市场参与机构不断增加、交易规模快速增长，市场成员对衍生品交易的交易管理需求日益增强，衍生产品市场运行的效率与安全需要不断完善的场外市场基础设施。2012年，利率互换电子交易确认和冲销业务在银行间市场推出，并在2013年完成。2013年汇率衍生品市场电子交易确认服务推出，有利于提高市场操作流程的标准化程度，减少确认时滞，为金融机构在市场交易中降低操作风险、信用风险和法律风险提供了便利。

未来，银行间市场利率互换将采用新交易机制，采用基于双边授信关系及额度控制的撮合交易方式，支持多种交易策略，实现用户个性化可成交行情推送，并采用全新的交易界面，进一步提高交易效率；利率互换冲销的组织将更加常规化，有效帮助机构解决额度不足的问题；此外，随着货币市场基准利率的波动加大，利率互换重置风险凸显，重置交易服务也有望适时推出，帮助金融机构进一步完善风险管理措施，保障市场运行安全。

专题四 上海清算所推出人民币远期运费协议（FFA）中央对手清算业务

近几年来，以大宗商品、碳排放权等为代表的新兴金融市场发展很快，在满足实体经济对应套期保值需求的同时，金融机构迅速成为市场流动性的主要提供者，在扩大市场交易规模、完善价格发现功能方面占据着主导地位。“大宗商品市场金融化”成为国际发展新趋势，指基于价格指数的商品金融衍生品，有基于现货交易价格指数的大宗商品金融衍生品，主要与细分市场产品的价格指数挂钩，例如，与波罗的海干散货指数（BDI）挂钩的远期运费协议，与普氏公司（Platts）钢铁业指数（TSI）挂钩的铁矿石期货以及互换；也有基于期货交易价格指数的大宗商品金融衍生品，标的指数则普遍全面涵盖主要大宗商品的期货交易品种，例如，与包括24个期货交易品种标普高盛商品指数（S&P GSCI）挂钩的互换、期货，与包括19个期货交易品种道琼斯瑞银商品指数（DJ-UBSCI）挂钩的互换、期货。

上海清算所积极拓展跨市场业务，创新推出人民币远期运费协议（FFA）中央对手清算业务。经人民银行批准，根据4个月平稳试运行经验，2013年4月16日，创新推出第一项大宗商品金融衍生品中央对手清算业务——人民币远期运费协议（FFA）中央对手清算业务。该业务标志着主流的全球化场外金融衍生品首次实现以人民币计价清算，是我国在这一领域零的突破，不仅为市场主体提供极大便利，也探索出人民币国际化的一条新路；该业务连通上海国际金融、国际航运两个中心建设工作，有利于上海争夺国际航运金融市场定价权，更好地服务我国实体经济。

运费波动是航运市场主体面对的共同风险——对于大宗商品采购企业、进出口商等航运需求方，运输成本难以控制，严重影响企业盈利能力；对于船东、航运公司等航运供应方，运费收入波动较大，导致短期资金压力和长期盈亏不确定性。远期运费协议作为一种运费风险管理工具，具备套期保值和价格发现的功能，有助于企业管理远期运费风险。具体而言，航运相关企业在现货市场进行船舶租赁交易的同时，可在远期运费协议市场买入反向协议以锁定成本或利润。

人民币远期运费协议中央对手清算业务指在中国境内由经纪公司帮助达成交易、以人民币计价和清算结算的远期运费协议产品，由上海清算所提供中央对手清算服务，在规范、专业的风险管理体系下，即使原来交易对手方违约甚至破产，所达成人民币远期运费协议的权利义务也仍然可以确保得到履行。上海清算所首批推出了海岬型船平均期租远期运费协议(CTC)、巴拿马型船平均期租远期运费协议(PTC) 和超灵便型船平均期租远期运费协议(STC) 等三个产品的中央对手清算服务。协议期限包括月度协议、季度协议和年度协议。协议存续期内，每月进行结算。协议主要条款包括产品种类、协议名称、产品简称、协议规模、协议价格、最低价格波幅、协议数量、协议期限、成交数据接收时间、最后交易日、最终结算日、最终结算价格等。

为防范中央对手清算风险，上海清算所实行头寸限额、保证金、实时监控、清算基金、风险准备金等风险管理措施。

该业务推出后市场反响积极，已经发展3家商业银行成为清算会员，吸引3家国际知名FFA经纪公司，市场参与者和业务量持续增加。截至2013年10月31日，累计清算3 742笔、2.1亿元，呈现加速放量态势。

附录一　2013年中国金融市场发展大事记

1月18日，中国人民银行宣布启用公开市场短期流动性调节工具（Short-term Liquidity Operations，SLO），作为公开市场常规操作的必要补充，在银行体系流动性出现临时性波动时相机使用。

1月，中国人民银行创设常备借贷便利（Standing Lending Facility，SLF），对金融机构开展操作，提供流动性支持。

1月22日，中国人民银行印发《关于加强地方法人金融机构流动性管理　有效发挥短期再贷款流动性供给功能的通知》（银发〔2013〕22号），要求各分支机构充分认识再贷款对地方法人金融机构临时性流动性供给的积极作用，引导金融机构将短期再贷款作为解决短期流动性不足的正常资金来源渠道，有效运用短期再贷款工具满足金融机构合理的流动性需求。

1月25日，中国人民银行与中国银行台北分行签订《关于人民币业务的清算协议》。海峡两岸的金融机构除可通过代理行渠道为客户办理跨境人民币结算业务外，也可通过清算行渠道为客户办理跨境人民币结算业务。

1月25日，中国证监会发布《黄金交易型开放式证券投资基金暂行规定》。

1月25日，中国证监会公布了《非银行金融机构开展证券投资基金托管业务暂行规定（征求意见稿）》，并向社会公开征求意见。

2月1日，为进一步推动债权投资计划发行制度改革，中国保监会发布《关于债权投资计划注册有关事项的通知》。

2月8日，根据中国人民银行和新加坡金融管理局就加强中国与新加坡金融服务领域合作的相关安排，经过评审，中国人民银行决定授权中国工商银行新加坡分行担任新加坡人民币业务清算行。

2月18日，中国证监会公布了《资产管理机构开展公募证券投资基金管理业务暂行规定》。

2月20日，中国证监会公布了《私募证券投资基金业务管理暂行办法（征求意见稿）》，并向社会公开征求意见。

2月26日，中国证监会公布了《证券公司资产证券化业务管理规定（征求意见稿）》，并向社会公开征求意见。

3月3日，中国证监会公布了《证券公司债务融资工具管理暂行规定（征求意见稿）》，并向社会公开征求意见。

3月6日，中国证监会向社会公布了《人民币合格境外机构投资者境内证券投资试点办法》和《关于实施〈人民币合格境外机构投资者境内证券投资试点办法〉的规定》。

3月7日，中国人民银行与新加坡金融管理局续签了中新双边本币互换协议，互换规模由原来的1 500亿元人民币/300亿新加坡元扩大至3 000亿元人民币/600亿新加坡元，有效期3年，经双方同意可以展期。2010年7月23日签署的原双边本币互换协议自续签之日起失效。

3月12日，中国证监会批准大连商品交易所开展焦煤期货交易。

3月13日，中国人民银行印发《关于合格境外机构投资者投资银行间债券市场有关事项的通知》（银发〔2013〕69号），允许符合条件的合格境外机构投资者（QFII）向中国人民银行申请投资银行间债券市场。

3月13日，财政部、中国人民银行、中国证监会联合发布《关于开展国债预发行试点的通知》（财库〔2013〕28号），正式决定开展国债预发行试点工作。

3月15日，中国证监会发布《非银行金融机构开展证券投资基金托管业务暂行规定》，自2013年6月1日起施行。

3月22日，为贯彻落实《关于促进黄金市场发展的若干意见》（银发〔2010〕211号）有关精神，经中国人民银行备案同意，上海黄金交易所于2013年3月25日起试运行银行间黄金询价远期交易业务。经上海黄金交易所核准的银行间黄金询价业务远期品种准入机构可通过中国外汇交易中心交易系统以双边询价方式进行黄金远期交易，并通过上海黄金交易所进行清算与交割。

3月26日，经国务院批准，中国人民银行与巴西中央银行签署了中巴双边本币互换协议，互换规模为1 900亿元人民币/600亿巴西雷亚尔，有效期3年，经双方同意可以展期。

3月26日，中国人民银行与南非储备银行签署《中国人民银行代理南非储备银行投资中国银行间债券市场的代理投资协议》。

4月2日，中国人民银行与中国工商银行新加坡分行签订《关于人民币业务的清算协议》。新加坡及中国的金融机构除可通过代理行渠道为客户办理跨境人民币结算业务外，也可通过清算行渠道为客户办理跨境人民币结算业务。同日，中国人民银行和新加坡金融管理局签订了关于新加坡人民币业务的合作备忘录。两个文件的签署将有利于中新两国企业和金融机构使用人民币进行跨境交易，进一步促进贸易、投资自由化和便利化。

4月2日，中国证监会与中国银监会联合发布《证券投资基金托管业务管理办法》，自2013年4月2日起施行。

4月7日，经国家外汇管理局批准（汇综复〔2013〕36号），中国外汇交易中心从2013年4月8日起在银行间外汇市场试运行交易确认业务。

4月9日，经中国人民银行授权，中国外汇交易中心宣布完善银行间外汇市场人民币对澳元交易方式，在遵循市场原则的基础上开展人民币对澳元直接交易，这是中澳两国共同推动双边经贸关系进一步向前发展的重要举措。开展人民币对澳元直接交易，有利于形成人民币对澳元直接汇率，降低经济主体汇兑成本，促进人民币与澳元在双边贸易和投资中的使用，有利于加强两国金融合作，支持中澳之间不断发展的经济金融关系。

4月12日，中国证监会同意启动期货市场连续交易试点。

4月25日，中国人民银行发布《关于实施〈人民币合格境外机构投资者境内证券投资试点办法〉有关事项的通知》（银发〔2013〕105号）。

5月14日，为进一步规范市场交易行为，防范风险，中国外汇交易中心发布《关于进一步规范管理关联交易有关事宜的公告》（中汇交公告〔2013〕35号），规定同一金融机构法人的所有债券账户之间不得进行债券交易。

5月17日，根据《全国银行间债券市场债券交易管理办法》等有关规定和中国人民银行要求，为规范开展债券交易、清算业务的一线监测工作，保障市场交易、清算业务正常开展，防范市场风险，上海清算所发布关于规范开展债券交易、清算监测工作有关事项的公告（清算所公告〔2013〕7号），对异常的或违规的债券交易、清算行为进行监测、核实，发现情况及时上报。

5月21日，中国保监会颁布《关于修改〈保险经纪机构监管规定〉的决定》（保监会令2013年第6号）、《关于修改〈保险专业代理机构监管规定〉的决定》（保监会令2013年第7号），同时印发《关于进一步明确保险专业中介机构市场准入有关问题的通知》（保监发〔2013〕44号），进一步明确保险专业中介机构市场准入政策。

5月24日，中国人民银行与瑞士联邦财政部在瑞士首都伯尔尼共同签署了《中国人民银行与瑞士联邦财政部金融对话谅解备忘录》。

6月7日，中国证监会与中国保监会联合发布《保险机构销售证券投资基金管理暂行规定》，明确了保险机构参与基金销售业务的具体监管要求，以及两会的监管职责和分工，有利于规范保险机构的销售基金活动，以满足投资人日益多样化的金融需求。

6月9日，为规范支付机构客户备付金管理，防范支付风险，维护客户权益，中国人民银行制定并发布了《支付机构客户备付金存管办法》。

6月21日，中国人民银行与尼泊尔央行在尼泊尔加德满都签署了《中国人民银行代理尼泊尔央行投资中国银行间债券市场的代理投资协议》。

6月22日，中国人民银行与英格兰银行签署了规模为2 000亿元人民币/200亿英镑的中英双边本币互换协议，旨在为双边经贸往来提供支持，并有利于维护金融稳定。互换协议有效期3年，经双方同意可以展期。

7月2日，中国人民银行发布〔2013〕第8号公告，要求银行间市场全部债券交易通过全国银行间同业拆借中心系统达成，交易一旦达成不可撤销和变更，进一步规范银行间债券市场交易结算行为，维护市场参与者合法权益，促进市场健康规范发展。

7月3日，财政部、中国人民银行、中国证监会联合发布《关于7年期国债开展预发行试点的通知》（财库〔2013〕82号），决定将7年期记账式国债作为首批开展预发行试点的券种。

7月5日，中国证监会批准中国金融期货交易所开展国债期货交易。

7月9日，中国人民银行发布《关于简化跨境人民币业务流程和完善有关政策的通知》(银发〔2013〕168号)，简化了经常项下跨境人民币业务，对银行卡人民币账户跨境清算业务进行了梳理，规范了境内非金融机构人民币境外放款业务和境外发行人民币债券等业务。

7月19日，上海黄金交易所发布《关于上海黄金交易所开通黄金ETF现货实盘合约申购赎回业务的通知》，定于从7月25日起开通黄金ETF账户备案业务，从7月29日起开通黄金现货合约申赎业务。

7月20日，中国人民银行决定全面放开金融机构贷款利率管制。一是取消金融机构贷款利率0.7倍的下限，由金融机构根据商业原则自主确定贷款利率水平。二是取消票据贴现利率管制，改变贴现利率在再贴现利率基础上加点确定的方式，由金融机构自主确定。三是对农村信用社贷款利率不再设立上限。四是为继续严格执行差别化的住房信贷政策，促进房地产市场健康发展，个人住房贷款利率浮动区间暂不作调整。

7月25日，为健全保险市场准入退出机制、提高审核工作的质量和透明度，中国保监会正式成立中资保险法人机构准入审核委员会。

8月5日，为进一步加强保险资金信用风险管理，规范外部信用评级使用行为，中国保监会发布《关于加强保险资金投资债券使用外部信用评级监管的通知》。

8月15日，国务院以国函〔2013〕91号文批复建立由中国人民银行牵头，中国银监会、中国证监会、中国保监会和外汇局参加的金融监管协调部际联席会议制度。

8月23日，中国证监会批准郑州商品交易所开展动力煤期货交易。

8月27日，中国人民银行发布〔2013〕第12号公告，强化银行间债券市场券款对付结算要求，防范市场风险，提高市场效率，推动银行间债券市场健康规范发展。

8月30日，中国证监会批准中国金融期货交易所挂牌上市5年期国债期货合约，定于2013年9月6日上市交易。

9月9日，中国人民银行与匈牙利中央银行签署了中匈双边本币互换协议，旨在加强双边金融合作，促进两国贸易和投资，共同维护地区金融稳定。互换规模为100亿元人民币/3 750亿匈牙利福林，有效期3年，经双方同意可以展期。

8月23日，中国证监会批准郑州商品交易所开展动力煤期货交易。

9月11日，中国人民银行与冰岛中央银行续签了中冰双边本币互换协议，互换规模为35亿元人民币/660亿冰岛克朗，有效期3年，经双方同意可以展期。

9月12日，中国人民银行与阿尔巴尼亚银行签署了中阿双边本币互换协议，旨在加强双边金融合作，促进两国贸易和投资，共同维护地区金融稳定。互换规模为20亿元人民币/358亿阿尔巴尼亚列克，有效期3年，经双方同意可以展期。

9月13日，中国证监会批准大连商品交易所开展铁矿石期货交易。

9月16日，中国证监会批准上海期货交易所上市石油沥青期货合约。

9月17日，中国人民银行与世界银行集团在北京签署了联合融资合作谅解备忘录，旨在进一步促进中国与国际金融公司合作。

9月24日，市场利率定价自律机制成立暨第一次工作会议在北京召开。市场利率定价自律机制是由金融机构组成的市场定价自律和协调机制，旨在符合国家有关利率管理规定的前提下，对金融机构自主确定的货币市场、信贷市场等金融市场利率进行自律管理，维护市场正当竞争秩序，促进市场规范健康发展。会议审议通过《市场利率定价自律机制工作指引》、《贷款基础利率集中报价和发布规则》，选举了首任市场利率定价自律机制主任委员。

9月27日，中国证监会批准大连商品交易所上市鸡蛋期货合约。

9月30日，为了规范和促进黄金及黄金制品进出口业务发展，保护当事人的合法权益，根据《中华人民共和国中国人民银行法》、《中华人民共和国海关法》和《国务院对确需保留的行政审批项目设定行政许可的决定》，中国人民银行起草了《黄金及黄金制品进出口管理办法（征求意见稿）》，并向社会公开征求意见。

10月1日，中国人民银行与印度尼西亚银行续签了双边本币互换协议，旨在加强双边金融合作，便利两国经贸往来，共同维护金融稳定。互换规模为1 000亿元人民币/175万亿印尼卢比，有效期3年，经双方同意可以展期。

10月9日，中国人民银行与欧洲中央银行签署了规模为3 500亿元人民币/450亿欧元的中欧双边本币互换协议，旨在为双边经贸往来提供支持，并维护金融稳定。互换协议有效期3年，经双方同意可以展期。

10月17日，海峡两岸首次保险监管合作会议在台北召开。

10月18日，中国证监会批准郑州商品交易所开展粳稻、晚籼稻期货交易。

10月18日，中国证监会批准大连商品交易所开展纤维板、胶合板期货交易。

10月24日，中国人民银行与美国联邦存款保险公司在北京签署了《关于合作、技援和跨境处置的谅解备忘录》，旨在加强双方在金融服务、存款人保护、跨境金融机构处置、危机管理和全球金融稳定政策领域的信息共享、对话交流与政策协作。

10月25日，为进一步推进利率市场化，完善金融市场基准利率体系，指导信贷市场产品定价，贷款基础利率（Loan Prime Rate，LPR）集中报价和发布机制正式运行。

11月8日，为规范场外黄金衍生产品交易行为，保障市场参与者的合法权益，促进场外黄金衍生产品市场健康有序发展，中国银行间市场交易商协会组织市场成员在《中国银行间市场金融衍生产品交易主协议（2009年版）》的框架下，起草制定了《中国场外黄金衍生产品交易基本术语（2013年版）》。

11月8日，为拓宽商业银行资本补充渠道，利用债券市场满足商业银行资本工具创新需求，中国证监会和中国银监会联合发布《关于商业银行发行公司债券补充资本的指导意见》。

11月18日，中国人民银行与马来西亚央行在该行北京代表处开业之际签署了谅解备忘录，建立为金融机构提供流动性的跨境抵押安排，这一安排有利于深化两国金融合作，增强市场信心，维护地区金融稳定。

11月18日，为加强非金融企业债务融资工具主承销商队伍建设，规范银行间债券市场非金融企业债务融资工具承销业务，根据《银行间债券市场非金融企业债务融资工具管理办法》（中国人民银行令〔2008〕第1号）、《中国银行间市场交易商协会非金融企业债务融资工具承销业务相关会员市场评价规则》（协会公告〔2011〕1号）等自律规则，中国银行间市场交易商协会发布《关于启动非金融企业债务融资工具主承销商分层机制试点工作的公告》（协会公告〔2013〕20号），正式启动建立非金融企业债务融资工具主承销商分层机制相关工作。

11月22日，为贯彻落实《关于促进黄金市场发展的若干意见》（银发〔2010〕211号）有关精神，经中国人民银行备案同意，上海黄金交易所从2013年11月25日起上线银行间黄金询价掉期交易品种。经上海黄金交易所核准的银行间黄金询价业务掉期品种准入机构可通过中国外汇交易中心交易系统以双边询价方式进行黄金掉期交易，并通过上海黄金交易所进行清算与交割。

11月22日，中国证监会与耿西金融服务委员会签署《证券期货监管合作谅解备忘录》。

11月22日，上海国际能源交易中心在上海期货交易所挂牌成立。

11月30日，中国证监会制定并发布《关于进一步推进新股发行体制改革的意见》。这是逐步推进股票发行从核准制向注册制过渡的重要步骤。

12月2日，中国人民银行出台《关于金融支持中国（上海）自由贸易试验区建设的意见》，积极促进试验区实体经济发展。

12月8日，为规范同业存单业务，拓展银行业存款类金融机构的融资渠道，促进货币市场发展，中国人民银行制定了《同业存单管理暂行办法》，现予公布，自2013年12月9日起施行。

12月14日，国务院发布《关于全国中小企业股份转让系统有关问题的决定》，多层次资本市场建设取得重大进展。

12月20日，上海黄金交易所发布《上海黄金交易所银行间黄金询价业务交易规则(修订版)》。

12月26日，中国人民银行与国际金融公司在北京签署了《中国人民银行代理国际金融公司投资中国银行间债券市场的代理投资协议》。此协议的签署体现了国际金融公司对中国经济和金融市场发展的信心，也有利于国际金融公司实现资产多样化和加强流动性管理，将进一步增进中国与世界银行集团的金融合作。

12月31日，为进一步规范信贷资产证券化发起机构风险自留行为，维护投资者合法权益，防范风险，促进我国资产证券化业务健康可持续发展，中国人民银行、中国银监会发布联合公告〔2013〕第21号，就信贷资产证券化公告相关事项。

附录二　中国金融市场统计

表1　1998～2013年主要宏观经济金融指标(年末余额)

单位：亿元，%

项目/年	1998	1999	2000	2001	2002	2003	2004	2005	2006	2007	2008	2009	2010	2011	2012	2013
国内生产总值(GDP)	84 402	89 677	99 215	109 655	120 333	135 823	159 878	184 937	216 314	265 810	314 045	340 903	401 513	473 104	519 470	568 845
增长率	7.8	7.6	8.4	8.3	9.1	10	10.1	10.4	12.7	14.2	9.6	9.2	10.4	9.3	7.7	7.7
进出口总额(亿美元)	3 239.3	3 607	4 743	5 097.7	6 208	8 512	11 547	14 221	17 607	21 738	25 616	22 073	29 728	36 421	38 662	41 600
增长率	-0.4	11.3	31.5	7.5	21.8	37.1	35.7	23.2	23.8	23.5	17.8	-13.9	34.7	22.5	6.2	7.6
出口(亿美元)	1 837.6	1 949	2 492	2 661	3 256	4 384	5 934	7 620	9 690	12 205	14 307	12 016	15 778	18 984	20 487	22 096
进口(亿美元)	1 401.7	1 658	2 251	2 436.1	2 952	4 128	5 614	6 601	7 915	9 561	11 326	10 059	13 962	17 435	18 184	19 504
外汇储备(亿美元)	1 450	1 546.8	1 655.7	2 121.7	2 864	4 033	6 099	8 189	10 663	15 282	19 460	23 992	28 473	31 811	33 116	38 213
外商直接投资(亿美元)	454.6	404	408	468.5	527	535	606	603	694.7	747.7	924	900	1 057	1 160	1 117	1 176
财政收入	9 876	11 444.1	13 380.1	16 371	18 914	21 691	26 355.9	31 628	38 760.2	51 304	61 330	68 518	83 102	103 874	117 254	129 143
财政支出	10 798.2	13 187.7	15 879.4	18 844	22 012	24 607	28 360.8	33 708.1	40 222.7	49 565.4	62 593	76 300	89 874	109 248	125 953	139 744
赤字或盈余	-922.2	-1 743.6	-2 499.3	-2 473	-3 098	-2 916	-2 004.9	-2 080.1	-1 462.5	1 738.6	-1 263	-7 782	-6 772	-5 374	-8 699	-10 601
货币供应量(M_2)	104 499	119 898	134 610.3	158 301.9	185 007	221 222.8	254 107	296 040.1	345 577.9	403 401.3	475 166.6	606 223.6	725 851.79	851 590.9	974 148.8	1 106 509.15
增长率	15.3	14.7	12.3	17.6	16.9	19.6	14.9	16.5	16.7	16.7	17.8	27.6	19.7	13.5	14.4	13.6
货币供应量(M_1)	38 953.7	45 837.2	53 147.2	59 871.6	70 822	84 118.6	95 969.7	107 279.9	126 028.1	152 519.2	166 217.1	220 004.5	266 621.54	289 847.7	308 664.2	337 260.63
增长率	11.9	17.7	15.9	12.7	18.3	18.8	14.1	11.8	17.5	21.0	9.0	32.4	21.2	7.9	6.5	9.3
货币供应量(M_0)	11 204.2	13 455.5	14 652.7	15 688.8	17 278	19 746	21 468.3	24 032.8	27 072.6	30 334.3	34 218.96	38 245.97	44 628.17	50 748.46	54 659.77	58 558.31
增长率	10.1	20.1	8.9	7.1	10.1	14.3	8.7	11.9	12.6	12	12.8	11.8	16.7	13.8	7.7	7.1
城镇居民人均可支配收入(元)	5 245	5 854	6 280	6 859.6	7 703	8 500	9 422	10 493	11 759	13 786	15 781	17 175	19 109	21 810	24 565	26 955
实际增长率	5.8	9.3	6.4	8.5	13.4	9	7.7	9.6	10.4	12.2	8.4	9.8	7.8	8.4	12.6	9.7
农村居民人均纯收入(元)	2163.6	2 210	2 253	2 366	2 475.6	2 622	2 936	3 255	3 587	4 140	4 761	5 153	5 919	6 977	7 917	8 896
实际增长率	4.3	3.8	2.1	4.2	4.8	4.3	6.8	6.2	7.4	9.5	8	8.5	10.9	11.4	13.5	9.3
金融机构各项存款	95697.9	108 779	123 804.4	143 617.2	170 917.4	208 055.6	241 424.3	300 208.6	348 015.6	401 051.4	478 444.2	612 005.1	733 382.03	826 701.35	943 102.27	1 070 587.72
增长率	16.1	13.7	13.8	16.0	19.0	21.7	16.0	24.3	15.9	15.2	19.3	27.9	19.8	12.7	14.1	13.5
金融机构各项贷款	86524.1	93 734.3	99 371.1	112 314.7	131 293.9	158 996.2	178 197.8	206 838.5	238 279.8	277 746.5	320 048.7	425 622.6	509 225.95	581 892.5	672 874.61	766 327.3
增长率	15.5	8.3	6.0	13.0	16.9	21.1	12.1	16.1	15.2	16.6	15.2	33.0	19.6	14.3	15.6	13.9
居民消费价格指数(CPI)	-0.8	-1.4	0.4	0.7	-0.8	1.2	3.9	1.8	1.5	4.8	5.9	-0.7	3.3	5.4	2.6	2.6

注：根据最新公布数据有所调整往年数据。

数据来源：国家统计局、中国人民银行、财政部。

表2　1998～2013年新增本外币存贷款构成及增长率(年末余额)

单位：亿元，%

项目/年	1998	1999	2000	2001	2002	2003	2004	2005	2006	2007	2008	2009	2010	2011	2012	2013
金融机构各项存款	95 697.9	108 778.9	123 804.0	143 617.2	170 917.4	208 055.6	241 424.3	300 208.6	348 015.6	401 051.4	478 444.2	612 005.1	733 382.03	826 701.35	943 102.27	1 070 587.72
比上年末增长	16.1	13.7	13.8	16.0	19.0	21.7	16.0	24.3	15.9	15.2	19.3	27.9	19.8	12.7	14.1	13.5
其中：城乡居民储蓄	53 407.5	59 621.8	64 332.4	73 762.4	86 910.7	103 617.7	119 555.4	147 053.7	166 616.2	176 213.3	221 503.47	264 756.9	307 166.39	357 901.58	415 549.87	471 090.18
比上年末增长	17.1	11.6	7.9	14.7	17.8	19.2	15.4	23.0	13.3	5.8	25.7	19.5	16.0	16.5	16.1	13.4
企业存款	32 486.6	37 182.4	44 093.7	51 546.6	60 028.6	72 487.1	84 669.5	101 750.6	118 851.7	144 814.1	164 385.79	224 360	252 960.27	423 086.61	478 730.2	541 802.47
比上年末增长	13.4	14.5	18.6	16.9	16.5	20.8	16.8	20.2	16.8	21.8	13.5	36.5	12.7	67.3	13.2	13.2
金融机构各项贷款	86 524.1	93 734.3	99 371.1	112 314.7	131 293.9	158 996.2	178 197.8	206 838.5	238 279.8	277 746.5	320 048.68	425 622.6	509 225.95	581 892.5	672 874.61	766 327.3
比上年末增长	15.5	8.3	6.0	13.0	16.9	21.1	12.1	16.1	15.2	16.6	15.2	33.0	19.6	14.3	15.6	13.9
其中：短期贷款	60 613.2	63 887.6	65 748.1	67 327.2	76 822.4	87 397.9	90 808.3	91 157.5	101 698.2	118 898.0	128 571.47	151 390.7	171 236.64	217 480.1	268 152.19	311 773.15
比上年末增长	9.4	5.4	2.9	2.4	14.1	13.8	3.9	0.4	11.6	16.9	8.1	17.7	13.11	27	23.3	16.3
中长期贷款	20 717.8	23 968.3	27 931.2	39 238.1	51 731.6	67 251.7	81 010.1	92 940.5	113 009.8	138 581	164 160.42	235 591.3	305 127.55	333 746.51	363 894.22	410 355.34
比上年末增长	33.9	15.7	16.5	40.5	31.8	30.0	20.5	14.7	21.6	22.6	18.5	43.5	29.5	9.4	9	12.8

注：从2011年起，货币供应量数据含住房公积金中心存款和非存款类金融机构在存款类金融机构的存款。
数据来源：中国人民银行。

表3 1997～2013年贷款余额、债券存量、股票市值与GDP的比例

单位：亿元，%

年份	GDP	贷款余额	贷款余额/GDP	债券存量	债券存量/GDP	股票总市值	股票总市值/GDP
1997	78 793	74 914	95.1	985	1.3	17 529	22.2
1998	84 402	86 524	102.5	9 199	10.9	19 506	23.1
1999	89 677	93 734	104.5	12 879	14.4	26 471	29.5
2000	99 215	99 371	100.2	16 077	16.2	48 091	48.5
2001	109 655	112 315	102.4	18 932	17.3	43 502	39.7
2002	120 333	131 294	109.1	24 681	20.5	38 329	31.9
2003	135 823	158 996	117.1	36 550	26.9	42 458	31.3
2004	159 878	178 198	111.5	50 026	31.3	37 056	23.2
2005	184 937	206 839	111.8	70 633	38.2	32 430	17.5
2006	216 314	238 280	110.2	72 092	33.3	89 404	41.3
2007	265 810	277 747	104.5	115 032	43.3	327 140.9	123.1
2008	314 045	320 049	101.9	143 494	45.7	121 366.4	38.6
2009	340 903	425 623	124.9	164 753	48.3	243 939.12	71.6
2010	397 983	509 226	128	195 220	49.1	265 422.59	66.7
2011	471 564	581 893	123	214 798	45.6	214 758.1	45.5
2012	519 470	672 875	130	253 403	49	230 357.6	44..3
2013	568 845	766 327	135	289 169	51	239 077.2	42

注：1. 贷款余额指金融机构本外币各类贷款。

2. 债券存量包括银行间债券托管数和交易所债券托管数。

数据来源：中国人民银行、中央国债登记结算有限责任公司、中国证券登记结算有限公司、中国证监会。

表4 2010～2013年社会融资结构情况

单位：万亿元

年份	融资总额	人民币贷款	外币贷款	委托贷款	信托贷款	未贴现银行承兑汇票	企业债券净融资	非金融企业境内股票融资	其他
2010	13.94	7.86	0.49	0.88	0.39	2.34	1.11	0.58	0.29
2011	12.83	7.47	0.57	1.3	0.2	1.03	1.37	0.44	0.45
2012	15.76	8.20	0.92	1.28	1.28	1.05	2.26	0.25	0
2013	17.29	8.89	0.58	2.54	1.84	0.78	1.80	0.22	0

注：1. 企业债券净融资不包含金融企业债。

2. 其他包含保险公司赔偿、保险公司投资性房地产等其他项。

数据来源：中国人民银行。

表5 1997～2013年银行间同业拆借与债券回购成交情况

单位：亿元

年份	同业拆借	质押式回购交易额	买断式回购交易额
1997	8 298	310	—
1998	1 978	1 021	—
1999	3 291	3 957	—
2000	6 728	15 785	—
2001	8 082	40 133	—
2002	12 107	101 885	—
2003	24 113	117 203	—
2004	14 556	93 105	1 263
2005	12 783	156 784	2 223
2006	21 503	263 021	2 892
2007	106 466	440 672	7 253
2008	150 492	563 830	17 376
2009	193 505	677 007	25 891
2010	278 684	846 533	29 402
2011	334 412	966 650	27 885
2012	467 044	1 366 174	50 966
2013	355 190	1 519 757	61 882

数据来源：中国外汇交易中心。

表6 1997～2013年同业拆借成员变化情况

单位：家

年份	银行	证券公司	保险公司	信托公司	财务公司	租赁公司	农村信用联社	城市信用合作社	资产管理公司	汽车金融公司	其他	总计
1997	59	—	—	—	—	—	—	—	—	—	37	96
1998	165	—	—	—	—	—	—	—	—	—	2	167
1999	187	7	—	—	—	—	99	—	—	—	3	296
2000	232	14	—	—	20	—	148	—	—	—	3	417
2001	246	18	—	—	25	—	198	—	—	—	3	490
2002	261	41	—	—	25	—	202	4	—	—	3	536
2003	289	56	—	—	32	—	229	10	—	—	1	617
2004	309	64	—	—	35	—	236	11	—	—	1	656
2005	323	66	—	—	38	—	239	12	—	—	1	679
2006	339	53	—	—	46	—	250	15	—	—	0	703
2007	326	56	—	3	49	—	267	16	—	—	0	717
2008	340	58	—	16	55	4	298	13	2	2	0	788
2009	348	65	6	26	68	6	320	9	3	3	0	854
2010	347	68	6	30	72	11	338	8	3	5	0	888
2011	347	70	7	38	77	11	369	7	4	6	1	937
2012	359	77	7	39	81	16	422	7	5	8	1	1 022
2013	368	82	9	45	98	16	482	7	5	9	1	1 122

数据来源：全国银行间同业拆借中心。

表7　1998～2013年票据市场情况

单位：万亿元

年份	累计签发商业票据发生额	累计贴现发生额
1998	0.38	0.27
1999	0.51	0.25
2000	0.74	0.64
2001	1.28	1.55
2002	1.61	2.31
2003	2.77	4.44
2004	3.42	4.71
2005	4.45	6.75
2006	5.43	8.49
2007	5.87	10.11
2008	7.09	13.51
2009	10.27	23.16
2010	12.2	48.6
2011	15.1	25.0
2012	17.9	31.6
2013	20.3	45.7

数据来源：中国人民银行。

表8　1997～2013年债券市场成交情况

单位：亿元

年份	银行间市场				交易所国债市场				柜台市场	
	现券成交量	同比增长(%)	回购交易额	同比增长(%)	国债现券	同比增长(%)	国债回购	同比增长(%)	成交金额	同比增长(%)
1997	9.66	—	309.87	—	3 561.66	—	12 876.77	—	0	—
1998	33.19	243.58	1 021.48	229.65	6 059.9	70.1	15 540.86	20.69	0	—
1999	77.42	133.26	3 956.93	287.37	5 300.9	-12.5	12 890.44	-17.05	0	—
2000	682.45	781.49	15 784.94	298.92	4 157.5	-21.6	14 733.66	14.3	0	—
2001	839.33	22.99	40 133.3	154.25	4 815.6	15.8	15 487.63	5.12	0	—
2002	4 411.69	425.62	101 885.21	153.87	8 708.69	80.8	24 419.66	57.67	14.4	—
2003	30 848.43	599.24	117 203.41	15.03	5 756.16	-33.9	52 999.86	117.04	24.5	70.14
2004	25 041.15	-18.83	94 367.54	-19.48	2 966.5	-48.5	44 086.63	-16.82	62.2	153.88
2005	60 133.14	140.14	159 007.15	68.5	2 779.05	-6.3	23 261.2	-47.24	65.7	5.63
2006	10 2558.6	70.55	265 912.71	67.23	1 540.7	-44.6	15 413.3	-33.74	42.8	-34.86
2007	156 038.21	52.15	447 924.95	68.45	1 267.32	-17.7	183 45.09	19.02	35.7	-16.59
2008	371 082.7	137.82	581 205.24	29.76	2 122.52	67.5	24 268.65	32.29	30.4	-14.85
2009	472 646.43	27.37	702 898.6	20.94	2 085.11	-1.76	35 475.87	46.18	62.8	106.58
2010	640 418.98	35.50	875 935.55	24.62	1 661.64	-20.31	65 877.79	85.7	41.7	-33.60
2011	636 422.9	-0.62	994 534.79	13.54	1 252.92	-24.6	199 588.41	202.97	27.89	-33.12
2012	751 952.83	18.15	1 417 140.3	42.49	881.43	-29.65	346 360.74	73.54	14.99	-46.25
2013	416 106.44	-44.66	1 581 639.6	11.61	804	8.74	597 243	72.43	18.72	24.88

注：回购交易额包括质押式回购交易额和买断式回购交易额。

数据来源：中央国债登记结算有限公司、中国人民银行、中国外汇交易中心。

表9　2013年债券市场情况

单位：亿元，%

时间	银行间债券市场			交易所国债市场			柜台市场	
	现券成交金额	同比增长	银行间债券总指数	国债现券交易额	同比增长	交易所国债指数	成交金额	同比增长
2013-01	80 027.12	159.41	115.9316	73	17.51	136.12	0.81	97.56
2013-02	51 929.91	1.52	116.1352	62	-21.55	136.59	1.32	3.13
2013-03	84 974.23	27.83	116.1637	70	-21.56	136.96	2.01	36.73
2013-04	67 927.29	24.60	116.5648	77	23.40	137.39	1.78	169.70
2013-05	26 891.64	-61.96	116.7674	58	-48.72	137.62	1.85	19.35
2013-06	11 839.17	-81.11	116.0279	69	-4.17	138.1	1.59	62.24
2013-07	12 851.60	-81.38	115.2174	82	-8.73	138.32	1.26	-36.04
2013-08	13 688.39	-81.80	113.9961	46	-38.44	138.65	3.44	132.43
2013-09	14 058.02	-79.05	113.5742	52	6.10	138.65	1.03	14.44
2013-10	14 540.22	-74.93	112.4704	45	-26.81	138.87	1.52	52.00
2013-11	17 924.86	-75.40	111.0807	73	-1.32	139.16	1.07	-44.56
2013-12	19 454.00	-73.50	110.341	97	77.98	139.52	1.04	-22.96
合计	416 106.45	-44.66	—	804	-2.15	—	18.72	24.88

注：现券成交金额指全价金额，银行间债券总指数指净价指数。

数据来源：中国人民银行、中央国债登记结算有限责任公司、上海证券交易所、中国外汇交易中心。

表10 1998~2013年债券市场发行基本情况

单位：亿元

年份	国债	地方政府债	政策性银行债	中央银行票据	非政策性金融债券	短期融资券	超短期融资券	非公开定向债务融资工具	资产支持证券	其他	企业债券	中期票据	集合票据	公司债	可转换债券	分离债	中小企业私募债	合计
1998	4 274	—	1 930	0	0	—	—	—	—	0	0	—	—	—	—	—	—	6 204
1999	2 446	—	1 851	0	0	—	—	—	—	0	73	—	—	—	—	—	—	4 370
2000	2 720	—	1 645	0	0	—	—	—	—	0	50	—	—	—	—	—	—	4 415
2001	3 084	—	2 590	0	35	—	—	—	—	0	140	—	—	—	—	—	—	5 849
2002	4 461	—	3 175	1 938	45	—	—	—	—	0	325	—	—	—	—	—	—	9 944
2003	5 442	—	4 520	7 227	100	—	—	—	—	0	358	—	—	—	182	—	—	17 829
2004	4 809	—	4 348	17 037	775	—	—	—	—	0	326	—	—	—	213	—	—	27 508
2005	5 042	—	6 032	27 882	1 065	1 424	—	—	42	21	654	—	—	—	0	—	—	42 162
2006	6 933	—	8 980	36 574	570	2 920	—	—	116	9	995	—	—	—	111	—	—	57 208
2007	21 883	—	10 932	40 721	973	3 349	—	—	178	0	1 720	—	—	52	106	—	—	79 914
2008	7 246	—	10 809	42 960	974	4 332	—	—	302	0	2 367	1 737	—	288	56	633	—	71 704
2009	14 214	2 000	11 678	39 740	3 071	4 612	—	—	0	10	4 252	6 885	13	638	47	30	—	87 190
2010	15 878	2 000	13 193	46 608	980	6 742	150	—	0	1 090	3 627	4 924	47	603	717	0	—	96 559
2011	13 998	2 000	19 973	14 140	3 529	8 028	2 090	899	0	1 000	2 485	7 270	66	1 262	413	32	—	77 185
2012	13 562	2 500	21 400	0	5 016	8 359	5 822	3 813	250	1 500	6 474	8 432	100	1 550	72	0	77	78 927
2013	15 544	3 500	19 960	5 362	4 437	8 325	7 535	5 668	243	1 700	4 752	6 916	66	3 220	551	0	311	88 090

注：1. 国债不包含凭证式储蓄国债；
2. 非政策性金融债券包括商业银行债券、非银行金融机构债、金融企业短期融资券、资产管理公司金融债等；
3. 资产支持证券含信贷资产支持证券、非金融企业资产支持票据；
4. 集合票据包含中小企业区域集优票据；
5. 其他含政府支持机构债券、政府支持债券、国际机构债券等；
6. 公司债、可转债、可分离债2007年之前数据来源于中国证券登记结算有限责任公司，2008年以及之后数据来源于中国证监会。

数据来源：中央国债登记结算有限责任公司、中国证券会、上海清算所、中国证券登记结算有限公司。

表11 1997～2013年债券市场债券托管情况

单位：亿元

年份	银行间债券托管情况												交易所托管情况							
	国债	地方政府债	中央银行票据	金融债	企业债	短期融资券	超短期融资券	非公开定向债务融资工具	资产支持证券	中期票据	集合票据	其他债券	合计	国债	地方债	企业债	公司债	可转换债券	分离债	中小企业私募债	合计
1997	346	—	119	520	0	—	—	—	—	—	—	—	985	—	—	—	—	—	—	—	—
1998	4 265	—	119	4 815	0	—	—	—	—	—	—	—	9 199	—	—	—	—	—	—	—	—
1999	6 671	—	119	6 089	0	—	—	—	—	—	—	—	12 879	—	—	—	—	—	—	—	—
2000	8 876	—	0	7 201	0	—	—	—	—	—	—	—	16 077	—	—	—	—	—	—	—	—
2001	10 693	—	0	8 239	0	—	—	—	—	—	—	—	18 932	—	—	—	—	—	—	—	—
2002	13 498	—	1 488	9 695	0	—	—	—	—	—	—	—	24 681	—	—	—	—	—	—	—	—
2003	17 450	—	3 377	11 610	0	—	—	—	—	—	—	—	32 437	3 544	—	364	—	205	—	—	4 113
2004	19 686	—	11 208	14 408	25	—	—	—	—	—	—	—	45 327	3 967	—	397	—	335	—	—	4 699
2005	23 082	—	21 908	19 580	534	1 380	—	—	—	—	—	21.3	66 505.3	3 484	—	395	—	249	—	—	4 128
2006	24 020	—	18 139	22 916	1 636	1 429	—	—	137	—	—	30	68 307	3 132	—	532	—	121	—	—	3 785
2007	43 255	—	30 655	30 700	3 287	3 203	—	—	256	—	—	30	111 386	2 857	—	690	—	99	—	—	3 646
2008	45 232	—	42 370	39 400	5 624	4 203	—	—	472	1 672	—	30	139 003	2 574	—	420	437	139	921	—	4 491
2009	51 140	2 000	35 075	48 484	9 540	4 561	—	—	331	8 622	13	40	159 806	2 113	—	467	1 296	120	951	—	4 947
2010	57 573	4 000	37 100	55 800	12 897	6 530	150	—	170	13 536	55	1 130	188 941	1 977	0.02	447	2 117	787	951	—	6 279.02
2011	62 497	5 997	19 490	72 488	14 617	7 861	450	899	90	19 743	108	2 130	206 370	1 989	3.32	1 546	2 856	1 163	871	—	8 428.32
2012	68 856	6 497	11 640	89 928	19 550	8 327	3 531	4 502	326	23 972	188	3 630	240 947	1 782	3.3	3 230	5 340	1 255	752	94	12 456.3
2013	75 705	8 599	5 522	101 195	16 542	8 244	4 729	9 381	452	28 839	191	9 969	269 368	2 391	16.7	6 841	7 956	1 606	598	392	19 801

注：1. 银行间债券托管数据来源于中央国债登记结算有限公司和上海清算所，交易所债券托管数据来源于中国证券登记结算有限公司；
2. 银行间债券托管数据不包含柜台托管数据；
3. 金融债包括政策性银行债、商业银行债、非银行金融机构债券、金融企业短期融资券；
4. 资产支持证券含信贷资产支持证券、非金融企业资产支持票据；
5. 集合票据包含中小企业区域集优票据；
6. 其他债券含政府支持机构债券、政府支持债券和外国债券等；
7. 托管数全为债券面值。

数据来源：中央国债登记结算有限责任公司、中国证券登记结算有限公司、上海清算所。

表12 1998～2013年国债发行与兑付情况

单位：亿元

年份	发行额	兑付额	期末余额
1998	4 274	0	4 265
1999	2 446	0	6 671
2000	2 720	163	8 876
2001	3 084	360	10 693
2002	4 461	892	13 498
2003	5 442	735	20 994
2004	4 809	1 551	23 653
2005	5 042	2 121	26 566
2006	6 933	4 163	27 152
2007	21 883	4 090	46 112
2008	7 246	4 930	47 806
2009	14 214	7 570	53 253
2010	15 878	8 605	59 550
2011	13 998	8 578	64 486
2012	13 562	6 340	70 638
2013	15 544	6 606	78 096

注：1. 此表所统计的国债不含凭证式储蓄国债；

2. 兑付额包含提前兑付和到期兑付；

3. 期末余额包括银行间和交易所市场的国债托管量，不包括柜台市场国债托管量。

数据来源：中国人民银行、中央国债登记结算有限责任公司、中国证券登记结算有限公司。

表13 2000～2013年银行间债券市场参与机构数

单位：家

年份	银行	证券公司	基金类	保险机构	非银行金融机构	信用社	其他	企业	总计
2000	159	2	32	11	7	102	2	0	315
2001	156	2	41	11	15	254	2	1	482
2002	182	25	78	20	52	423	2	32	814
2003	198	87	192	38	97	575	3	1 889	3 079
2004	231	95	361	63	117	665	11	2 755	4 298
2005	271	103	500	91	121	680	13	3 729	5 508
2006	295	107	613	104	136	711	23	4 450	6 439
2007	308	112	688	113	142	762	30	4 940	7 095
2008	341	117	1 053	128	154	801	24	5 681	8 299
2009	391	123	1 589	131	164	843	16	5 990	9 247
2010	445	123	2 170	135	175	869	19	6 299	10 235
2011	483	128	2 890	144	188	903	55	6 371	11 162
2012	557	133	3 991	154	192	916	97	6 375	12 415
2013	546	130	4 147	140	159	568	128	257	6 075

注：基金类包括基金公司以及证券投资基金、企业年金、社保基金、基金会、产业基金、保险产品、信托计划、基金特定组合、证券公司资产管理计划等非法人机构。

数据来源：中央国债登记结算有限责任公司。

表14　2013年银行间债券市场结算代理人名单

序号	机构名称	序号	机构名称
1	中国工商银行	24	宁波银行
2	中国农业银行	25	富滇银行
3	中国银行	26	哈尔滨银行
4	中国建设银行	27	晋商银行
5	交通银行	28	贵阳银行
6	招商银行	29	西安银行
7	中信银行	30	福建海峡银行
8	中国光大银行	31	齐商银行
9	兴业银行	32	齐鲁银行
10	中国民生银行	33	乌鲁木齐市商业银行
11	华夏银行	34	东莞银行
12	上海浦东发展银行	35	成都银行
13	平安银行	36	包商银行
14	广发银行	37	长沙银行
15	恒丰银行	38	河北银行
16	北京银行	39	厦门银行
17	上海银行	40	青岛银行
18	南京银行	41	上海市农村商业银行
19	天津银行	42	常熟市农村商业银行
20	杭州银行	43	汇丰银行（中国）有限公司
21	汉口银行	44	广东顺德农村商业银行股份有限公司
22	大连银行	45	渣打银行（中国）有限公司
23	重庆银行		

资料来源：中国银行间市场交易商协会。

表15 银行间债券市场做市商机构名单

中国工商银行	杭州银行
中国农业银行	汉口银行
中国银行	中信证券
中国建设银行	国泰君安证券
招商银行	摩根大通银行（中国）有限公司
中信银行	国家开发银行
中国光大银行	交通银行
兴业银行	花旗银行（中国）有限公司
中国民生银行	渣打银行（中国）有限公司
恒丰银行	中国国际金融有限公司
北京银行	广发银行
上海银行	浦东发展银行
南京银行	

资料来源：中国银行间市场交易商协会。

表16 债券市场柜台交易试点银行名单

中国工商银行	招商银行
中国农业银行	中国民生银行
中国银行	北京银行
中国建设银行	南京银行

资料来源：中国人民银行。

表17 2013年记账式国债柜台交易情况

单位：万元

债券代码	交易面额	债券代码	交易面额	债券代码	交易面额
060001	4 013.64	090007	381.30	100020	2 397.38
060006	3 589.98	090010	2 755.92	111705	36 950.78
060013	4 914.94	090012	310.10	111706	23 159.70
060020	10 038.52	090013	80.14	100027	326.96
0700002	2 970.72	090016	62.06	100028	2 150.38
0700003	416.62	090017	173.88	100031	537.64
0700004	2 350.78	090018	1 714.80	100032	175.54
0700005	468.40	090023	56.74	100033	129.08
0700006	2 791.98	090024	1 058.22	100034	307.80
0700008	444.18	090026	26.26	100035	16 019.44
070001	608.26	090027	1 086.42	100038	125.42
070003	303.34	090031	1 096.58	100039	737.18
070007	2 347.94	090032	468.74	100041	974.16
070010	598.46	091702	13 898.22	101702	935.00
070014	1 738.38	091704	6 142.34	101704	2 535.36
070018	3 328.76	110003	157.58	101706	5 329.10
080001	1 021.46	110004	141.52	101708	4 406.00
080003	417.60	110006	247.16	101710	17 013.26
080007	760.76	110007	1 050.14	101711	5 031.88
080010	465.60	100002	313.64	110002	805.10
080014	1 207.04	100005	85.02	120019	21 883.14
080018	916.92	100006	2 971.74	120021	2 534.34
080022	448.22	100007	1 802.40	121701	95 346.40
080025	847.54	100008	329.36	121702	24 396.20
100022	186.22	100010	853.84	110008	473.98
100024	320.70	100012	1 525.28	110013	4 836.78
100025	1 863.60	100013	457.34	110014	256.84
090001	387.66	100015	579.88	110015	1 238.00
090003	541.00	100016	5 954.24	110017	2 105.64
090004	3 743.94	100017	271.30	110019	1 131.64
090006	767.36	100019	427.50	110021	3 220.34

续表

债券代码	交易面额	债券代码	交易面额	债券代码	交易面额
110022	92.66	090019	177.56	130002	62 893.80
110024	800.94	120004	591.52	130003	10 604.16
110025	12 915.16	120005	1 634.90	130004	1 880.00
111702	48 633.70	120007	859.88	130005	9 416.26
111703	36 260.74	120009	2 323.68	130013	10 241.58
130007	35 226.28	120010	527.78	130014	14 053.50
130008	6 480.00	120011	18 499.92	130015	3 001.44
130011	9 481.26	120014	1 743.22	130017	2 147.94
111711	25 094.14	120015	7 930.90	130018	1 356.92
111712	10 779.58	120016	360.92	130020	631.16
111714	37 572.20	120017	722.52	130022	1 813.60
111715	22 174.72	121703	62 484.20	130023	442.16
111717	33 124.52	121704	17 380.92	131701	109 410.86
111718	20 877.92	121709	100 948.20	131702	67 617.80
120001	458.10	121710	54 576.18	131703	123 956.76
120002	1 961.46	121711	59 108.66	131704	68 635.90
120003	2 001.18	121712	39 696.30	131705	59 926.64
131708	35 462.78	121713	58 546.98	131706	41 919.28
131709	28 410.66	121714	40 467.34	131707	56 498.58
131710	24 325.98	130001	7 530.44		

数据来源：中央国债登记结算有限责任公司。

表18 2013年度公开市场业务一级交易商名单

中国农业银行股份有限公司	中国银行股份有限公司
中国工商银行股份有限公司	交通银行股份有限公司
中国建设银行股份有限公司	国家开发银行
招商银行股份有限公司	中国光大银行股份有限公司
中国民生银行股份有限公司	上海浦东发展银行股份有限公司
中信银行股份有限公司	兴业银行股份有限公司
中国邮政储蓄银行有限责任公司	广发银行股份有限公司
汉口银行股份有限公司	上海银行股份有限公司
福建海峡银行股份有限公司	北京银行股份有限公司
富滇银行股份有限公司	南京银行股份有限公司
杭州银行股份有限公司	恒丰银行股份有限公司
平安银行股份有限公司	齐商银行股份有限公司
广州银行股份有限公司	哈尔滨银行股份有限公司
江苏银行股份有限公司	徽商银行股份有限公司
厦门银行股份有限公司	河北银行股份有限公司
天津银行股份有限公司	大连银行股份有限公司
贵阳银行股份有限公司	洛阳银行股份有限公司
长沙银行股份有限公司	西安银行股份有限公司
上海农村商业银行股份有限公司	北京农村商业银行股份有限公司
汇丰银行（中国）有限公司	花旗银行（中国）有限公司
渣打银行（中国）有限公司	中信证券股份有限公司
第一创业证券股份有限公司	国泰君安证券股份有限公司
中国国际金融有限公司	中银国际证券有限责任公司
广州农村商业银行股份有限公司	宁波银行股份有限公司

资料来源：中国人民银行。

表19 1997~2013年股票市场统计表

年份	上市公司数(家)	上市总股本(亿股)	市价总值(亿元)	流通市值(亿元)	A股筹资总额(亿元)	成交金额(亿元)	平均换手率(%)		平均市盈率(%)		投资者账户(万户)
							上海	深圳	上海	深圳	
1997	745	1 942.7	17 529.2	5 204.4	—	30 721.8	701.8	817.4	39.9	39.9	3 480.3
1998	851	2 526.8	19 505.6	5 745.6	—	23 527.3	453.6	406.6	34.4	30.6	4 259.9
1999	949	3 089.0	26 471.2	8 214.0	—	31 319.6	471.5	424.5	38.1	36.3	4 810.6
2000	1 088	3 791.7	48 090.9	16 087.5	—	60 826.6	492.9	509.1	58.2	56.0	6 123.2
2001	1 160	5 218.0	43 522.2	15 228.8	—	38 305.2	269.3	227.9	37.7	39.8	6 898.7
2002	1 224	5 875.5	38 329.1	12 484.6	737.23	27 990.5	214.0	198.8	34.4	37.0	6 841.8
2003	1 287	6 428.5	42 457.7	13 178.5	665.07	32 115.3	250.8	214.2	36.5	36.2	6 981.2
2004	1 377	7 149.4	37 055.6	11 688.6	642.78	42 333.9	288.7	288.3	24.2	24.6	7 215.7
2005	1 381	7 629.5	32 430.3	10 630.5	339.03	31 663.1	274.4	320.6	16.3	16.4	7 336.1
2006	1 434	14 897.6	89 403.9	25 003.6	2 335.22	90 468.7	541.1	671.3	33.4	33.6	7 854.0
2007	1 550	22 416.9	327 140.9	93 064.4	7 791.57	460 556.2	927.2	1 062.1	59.2	72.1	9 280.6
2008	1 625	24 522.85	121 366.44	45 213.9	2 619.71	267 113.0	392.5	—	14.86	17.13	10 449.7
2009	1 718	26 162.85	243 939.12	151 258.7	3 894.53	535 986.7	—	—	28.73	46.01	12 037.7
2010	2 063	33 184.35	265 422.59	193 110.41	8 954.99	545 633.54	—	—	21.61	44.69	13 391.04
2011	2 342	36 095.52	214 758.10	164 921.3	5 073.07	421 649.72	—	—	13.4	23.11	14 050.37
2012	2 494	38 295.0	230 357.62	181 658.26	1 380.42	314 667.41	—	—	12.3	22.01	14 054.91
2013	2 489	40 569.08	239 077.19	199 579.54	2 802.76	468 728.6	—	—	10.99	27.76	13 247.15

注：1. A股筹资总额不包含可转债、可分离债等上市公司债券市场融资；
2. 平均换手率包含A股、B股；
3. 平均市盈率指静态市盈率；
4. 投资者账户为年末有效账户数；
5. 部分数据根据中国证监会最新发布数据有所调整。

数据来源：中国证监会、上海证券交易所、深圳证券交易所。

表20 1997～2013年股票市场成交量和股票指数变化情况

单位：亿元

年份	成交金额	日均成交	上证指数				深证综指			
			开盘	最高	最低	收盘	开盘	最高	最低	收盘
1997	30 721.8	126.42	914.06	1 510.18	870.18	1 194.1	326.33	517.91	305.81	381.29
1998	23 527.3	97.1	1 200.95	1 422.98	1 043.02	1 146.7	382.85	441.04	317.1	343.85
1999	31 319.6	131.04	1 144.89	1 756.18	1 047.83	1 366.58	343.29	525.14	310.65	402.18
2000	60 826.6	254.5	1 368.69	2 125.72	1 361.21	2 073.48	402.71	654.37	414.69	635.73
2001	38 305.2	159.6	2 077.08	2 245	1515	1 645.97	636.62	664.85	439.36	475.94
2002	27 990.5	118.1	1 643.49	1 748.89	1 339.2	1 357.65	475.14	512.38	371.79	388.76
2003	32 115.3	133.25	1 347.43	1 649.6	1 307.4	1 497.04	386.61	449.42	350.74	378.63
2004	42 333.9	174.21	1 492.72	1 783.01	1 259.43	1 266.5	377.93	470.55	315.17	315.81
2005	31 663.1	130.84	1 260.78	1 328.53	998.23	1 161.06	313.81	333.27	237.18	278.75
2006	90 468.7	375.39	1 163.88	2 698.9	1 161.91	2 675.47	278.99	710.14	278.99	706.01
2007	460 556.2	1 903.12	2 728.19	6 092.06	2 612.54	5 261.56	555.26	1 567.74	547.89	1 447.02
2008	267 113.0	1 085.82	5 265	5 497.9	1706.7	1 820.81	1 450.33	1 584.39	452.33	553.08
2009	535 986.7	2 196.67	1 849.02	3 478.01	1 844.09	3 277.139	560.09	1 234.12	560.1	1 201.34
2010	545 633.54	2 254.68	3 289.75	3 306.75	2 319.74	2 808.08	1 207.33	1 412.64	890.24	1 290.87
2011	421 649.72	1 728.06	2 825.33	3 067.46	2 134.02	2 199.42	1 298.59	1 316.19	828.83	866.65
2012	314 667.41	1 294.93	2 212.00	2 460.69	1 959.77	2 269.13	871.93	1 020.29	724.97	881.17
2013	468 728.6	1 969.45	2 289.51	2 434.48	1 950.01	2 115.98	887.37	1 106.27	815.89	1 057.67

注：部分数据根据中国证监会最新发布数据有所调整。

数据来源：中国证监会、上海证券交易所、深圳证券交易所。

表21　银行间即期外汇市场人民币交易26家做市商名单

中国工商银行股份有限公司	中国农业银行股份有限公司
中国银行股份有限公司	中国建设银行股份有限公司
交通银行股份有限公司	中信银行股份有限公司
招商银行股份有限公司	中国光大银行
华夏银行股份有限公司	广发银行股份有限公司
平安银行股份有限公司	兴业银行股份有限公司
中国民生银行股份有限公司	国家开发银行
中国邮政储蓄银行	宁波银行股份有限公司
法国巴黎银行（中国）有限公司	上海浦东发展银行
星展银行（中国）有限公司	美国银行有限公司上海分行
汇丰银行（中国）有限公司	蒙特利尔银行（中国）有限公司
花旗银行（中国）有限公司	渣打银行（中国）有限公司
苏格兰皇家银行(中国)有限公司	摩根大通银行（中国）有限公司
东方汇理银行（中国）有限公司	三井住友银行（中国）有限公司
德意志银行（中国）有限公司	瑞穗银行（中国）有限公司
三菱东京日联银行（中国）有限公司	

资料来源：中国外汇交易中心。

表22 1994~2013年外汇市场和外汇储备情况

单位：亿美元，人民币元

年份	外汇储备余额	100美元	100欧元	日元	100港元	100英镑	100元人民币（单位：林吉特）	100元人民币（单位：卢布）	100澳元	100加元
1994	516.2	844.91	—	7.78	112.66	—	—	—	—	—
1995	735.97	831.79	—	8.0703	107.6	—	—	—	—	—
1996	1 050.49	829.92	—	7.1613	107.19	—	—	—	—	—
1997	1 398.9	827.98	—	6.3627	106.81	—	—	—	—	—
1998	1 449.59	827.87	—	7.1719	106.78	—	—	—	—	—
1999	1 546.75	827.93	—	8.0933	106.51	—	—	—	—	—
2000	1 655.74	827.81	—	7.2422	106.06	—	—	—	—	—
2001	2 121.65	827.66	—	6.3005	106.06	—	—	—	—	—
2002	2 864.07	827.73	863.60	6.9035	106.11	—	—	—	—	—
2003	4 032.51	827.69	1 033.83	7.7263	106.57	—	—	—	—	—
2004	6 099.32	827.65	1 126.27	7.9701	106.37	—	—	—	—	—
2005	8 188.72	807.02	957.97	6.8716	104.03	—	—	—	—	—
2006	10 663.44	780.87	1 026.65	6.563	100.467	1 532.32	—	—	—	—
2007	15 282.49	730.46	1 066.69	6.4064	93.638	1 458.07	—	—	—	—
2008	19 460.3	683.46	965.9	7.565	88.189	987.98	—	—	—	—
2009	23 992.0	682.82	979.71	7.3782	88.048	1 097.8	—	—	—	—
2010	28 473.38	662.27	880.65	8.126	85.093	1 021.82	46.649	462.05	—	—
2011	31 811	630.09	816.25	8.1103	81.07	971.16	50.279	508.6	640.93	617.77
2012	33 116	628.55	831.76	7.3049	81.085	1 016.11	48.865	485.28	653.63	631.84
2013	38 213	609.69	841.89	5.7771	78.623	1 005.56	54.141	539.85	543.01	572.59

注：外币兑人民币中间价取当年最后一个交易日的中间价。
数据来源：中国人民银行、国家外汇管理局。

表23 1993~2013年期货市场成交情况

单位：亿元，万手

年份	商品期货市场		金融期货市场	
	成交额	成交量	成交额	成交量
1993	5 521.99	890.69	—	—
1994	31 601.41	12 110.72	—	—
1995	100 565.3	63 612.07	—	—
1996	84 119.16	34 256.77	—	—
1997	61 170.66	15 876.32	—	—
1998	36 967.24	10 445.57	—	—
1999	22 343.01	7 363.91	—	—
2000	16 082.29	5 461.07	—	—
2001	30 144.98	12 046.35	—	—
2002	39 490.16	13 943.26	—	—
2003	108 389.03	27 986.42	—	—
2004	146 935.31	30 569.76	—	—
2005	134 448.38	32 284.75	—	—
2006	210 046.34	44 947.41	—	—
2007	409 722.43	72 842.68	—	—
2008	719 141.94	136 388.71	—	—
2009	1 305 107.20	215 742.98	—	—
2010	2 269 852.69	304 194.19	821 397.94	9 147.66
2011	937 503.93	100 372.53	437 659.55	5 041.62
2012	952 862.59	134 546.42	758 406.78	10 506.18
2013	126 4695.8	186 827.38	1 410 066.21	19 354.93

注：从2011年起，期货量成交以单边计算；表中数据均不含期转现交易。
数据来源：中国证监会。

表24 2003~2013年黄金市场成交情况

单位：亿元，吨

年份	成交金额	成交量
2003	459.2	470.7
2004	731.0	665.3
2005	1 069.8	906.4
2006	1 947.5	1 249.6
2007	3 164.9	1 828.1
2008	8 683.9	4 457.6
2009	10 288.8	4 710.8
2010	16 157.8	6 051.5
2011	24 772.2	7 438.5
2012	21 506.3	6 350.2
2013	32 133.8	11 614.5

数据来源：上海黄金交易所。

表25 2007～2013年商业银行OTC黄金业务统计表

业务类别		账户金		品牌金		其他业务							
产品（单位）		美元账户金(万盎司、亿美元)	人民币账户金(吨、亿元)	自营(吨、亿元)	代理(吨、亿元)	黄金租赁(吨、亿元)	黄金拆借(吨、亿元)	黄金积存、定投(吨、亿元)	境内美元报价黄金远期(万盎司、亿美元)	境内美元报价黄金期权(万盎司、亿美元)	境内美元报价黄金掉期（万盎司、亿美元）	境内人民币报价黄金远期(吨、亿元)	黄金质押(吨、亿元)
2007年	成交量	157.68	352.71	6.09	3.96	33.11	1.2	—	204.93	8.48	—	—	—
	成交金额	11.08	607.05	11.2	7.16	56.4	2.31	—	11.84	0.598	—	—	—
2008年	成交量	293.09	1 332.55	33.12	4.13	73.99	11.4	—	574.85	6.28	—	—	—
	成交金额	25.37	2546.3	66.68	8.18	141.5	20.16	—	54.44	0.579	—	—	—
2009年	成交量	579.96	1 381.16	40.73	3.43	91.29	7.56	0.542	162.06	2.29	—	—	—
	成交金额	57.34	2 923.48	89.9	7.64	191.98	15.09	1.3	15.98	0.223	—	—	—
2010年	成交量	418.67	1 205.15	80.4	3.06	155.8	10.63	12.27	257.82	1.74	—	3.09	0.27
	成交金额	51.47	3 227.49	222.9	8.53	413.25	28.85	35.29	32.75	0.21	—	8.78	—
2011年	成交量	447.2	1 864.4	129.5	6.16	301.3	31.99	30.3	407.04	6.06	17.99	5.09	4.56
	成交金额	72.21	6 271.71	428.5	21.49	970.55	104.92	102.18	64.69	0.9	2.74	17.59	—
2012年	成交量	424.35	1 458.89	126.2	10.55	465.01	54.8	59.85	1 331.5	61.46	49.93	20.95	7.426
	成交金额	70.71	4 947.18	443.7	41.2	1 583.7	187.23	205.82	222.01	10.17	8.35	70.91	—
2013年	成交量	497.26	1 864.54	198.63	24.89	947.65	407.23	298.24	991.99	146.88	524.56	29.76	39.85
	成交金额	70.39	5 159.69	618.25	87.76	2 656.29	1 094.43	838.09	136.48	20.39	75.63	79.86	78.96

数据来源：中国人民银行上海总部。

表26 2006～2013年利率衍生产品交易情况

单位：笔，亿元

年份	利率互换		债券远期		远期利率协议	
	交易笔数	名义本金额	交易笔数	交易量	交易笔数	名义本金额
2006	103	355.7	398	664.5	—	—
2007	1 978	2 186.9	1 238	2 518.1	14	10.5
2008	4 040	4 121.5	1 327	5 005.5	137	113.6
2009	4 044	4 616.4	1 599	6 556.4	27	60
2010	11 643	15 003.4	967	3 183.4	20	33.5
2011	20 202	26 759.6	436	1 030.1	3	3.0
2012	20 945	29 021.4	56	166.1	3	2
2013	24 409	27 277.8	1	1.01	1	0.5

数据来源：中国外汇交易中心。